Wortels van Criminaliteit

HOOFDSTUK EEN : De Socratische methode IN BROADMOOR .

" Psychopaten " zijn aan de uiterste . De tool meest gebruikt voor de diagnose

' Antisociale persoonlijkheidsstoornis ' is een schaal heet de " Hare

Psychopathie Checklist " , door de Canadese psycholoog Robert D. bedacht

Hare . Er is een cutoff score boven die krijg je de diagnose

van antisociale persoonlijkheidsstoornis . En binnen die diagnose , als je

de zeer hoge score van 30 krijgt u de verdere diagnose te bereiken

" Psychopathie " . Iets wat vaak gezegd over hen die geroepen zijn psychopaten ,

en bij uitbreiding over de anderen binnen de bredere categorie , is dat

ze missen een geweten .

Deze claim is intrigerend . Zijn er echt mensen die hebben totaal geen

een geweten ? Zo ja, hoe komt dit over? Zijn ze geboren met

iets ontbreekt ? Of is er iets gebeuren met hen die vernietigt

hun geweten ? Het meest fundamenteel is , wat betekent het om te zeggen dat

ze ' missen een geweten " ?

Ethiek wordt nog steeds onderwezen

door de methode uitgevonden door Socrates . Dit begint door te vragen van mensen over

hun opvattingen over goed en kwaad , ze drukken op die aangeven

overtuigingen met maximale helderheid en explicitering . Dan zijn ze

uitgedaagd om hun standpunten te verdedigen in het gezicht van tegenvoorbeelden en

tegengestelde argument. De student wordt geduwd in een reis van

zelfexploratie , dan wordt gegeven " de antwoorden " door de

leraar . Sommige studenten , degenen die denken wordt onderwezen wordt gegeven

informatie of conclusies weg te nemen , zijn verbijsterd door deze en twijfel

dat ze correct worden onderwezen . Hoe het ook zij, de leraar leert veel over de studenten , vooral over de zeer verschillende

structuren van morele overtuiging en kleuren van moreel denken dat mensen

hebben . Dit omvat zeer verschillende opvattingen over wat het is om te laten leiden

door iemands geweten.

Om te zeggen dat mensen met een antisociale persoonlijkheidsstoornis ontbreekt een

geweten zou kunnen betekenen dat een of meer van de verschillende dingen. Het zou kunnen
betekenen

dat ze gebrek aan enige empathie voor andere mensen : dat ze niet kunnen voorstellen

hoe andere mensen zich voelen. Of het zou kunnen betekenen dat ze geen sympathie : dat

ze kunnen voorstellen dat de gevoelens van , bijvoorbeeld , de mensen die ze pijn doen, maar

niet de zorg over hen. Het zou kunnen betekenen dat ze voelen zich niet schuldig . het

kan zijn dat ze missen bepaalde morele begrippen , zoals " wreed " ,

" Oneerlijk " , " oneerlijk " , " rechten " of " egoïstisch " . Of het zou kunnen betekenen dat

ze missen een gevoel van morele identiteit : een opvatting van de soort

persoon die ze zijn , of van de soort persoon die ze hopen te zijn , samen

met een set van waarden begeleiden die opvatting . Het leek erop dat de

geweten of het gebrek aan geweten van deze groep mensen was een

veelbelovend voor onderzoek.

Dr Gwen Adshead , een psychiater die werkt bij Broadmoor Hospital, heeft

veel patiënten met de diagnose van antisociale persoonlijkheidsstoornis .

Zij en ik vonden we een belang in hun moraal of het gebrek daaraan gedeeld ,

en we samen een project op deze vragen te onderzoeken bedacht

sommige van die in Broadmoor met deze diagnose .

Gwen Adshead voerde een reeks interviews , uiteindelijk gebaseerd op

Carol Gilligan's idee van een "ethiek van de zorg " , maar aangepast in een

onderzoeksinstrument , de ' zorgethiek Interview " , door dr. Eva Skoe .

De kern hiervan is de beoordeling van de mensen de antwoorden op morele

dilemma's gepresenteerd door middel van korte verhalen .

Ik gebruikte een serie interviews om te proberen om mensen moraal sonde en

waarden aan de hand van vragen op basis van die welke worden gebruikt om ethiek te onderwijzen .

Mede als eerbetoon aan de uitvinder van de aanpak , maar met misschien een

vleugje pretentie , belde ik deze serie " de socratische

interviews " . Dit account rapporten over deze " socratische " interviews. aan

hen te introduceren , zal ik een beetje over antisociale persoonlijkheidsstoornis zeggen

en dan schetsen kort de inhoud van de interviews en de geleiding

vragen achter hen .

1 . Antisociale persoonlijkheidsstoornis .

Als een psychiatrische categorie , persoonlijkheidsstoornis is zowel belangrijk als

frustrerend . Er zijn verschillende persoonlijkheidsstoornissen . Lijsten variëren ,

maar de meeste onder narcistische persoonlijkheidsstoornis , schizoïde

Persoonlijkheidsstoornis , borderline persoonlijkheidsstoornis en antisociale

Persoonlijkheidsstoornis . Definities van elk van deze neiging vaag .

Typische definities van de algemene categorie " persoonlijkheidsstoornis "

Raadpleeg " diep ingesleten , onaangepaste gedragspatronen die

leed veroorzaken voor degenen die hen hebben of aan anderen . ' (CHECK EN QUOTE

HIER VAN DSM of ICD .)

Dergelijke rekeningen vangen iets belangrijks , maar ze zijn vol van

problemen . Het woord " onaangepast " klinkt wetenschappelijk , misschien wel als een

idee afgeleid van Darwiniaanse survival . Maar het heeft ook een zorgwekkende

suggestie van niet goed past met heersende maatschappelijke normen . op deze

basis , op verschillende momenten , zijnde een dissident in de Sovjet- Unie , een atheïst in Saoedi-Arabië of een communist in de Verenigde Staten zou kunnen

kwalificeren iemand voor het hebben van een persoonlijkheidsstoornis . " Onaangepaste " , zelfs

in de meer letterlijke darwinistische zin van het niet bevorderlijk is voor overleving

in een bepaalde omgeving , kan nog bevatten te veel . diep

ingebakken moed in een brandweerman kan niet bevorderlijk zijn voor de overleving .

En Socrates had de diep ingesleten gewoonte vragen te stellen die

verontruste mensen , een gewoonte die uiteindelijk leidde tot zijn dood .

Dergelijke definities duidelijk onder te veel . Maar dit kan wijzen op

filosofische vaardigheden psychiaters ' in plaats van hun diagnostische degenen.

De definitie " : er kan iets in de beweringen die soms aangetroffen

kan niet goed zijn, maar je herkent als je het ziet " . Er doen lijken

om mensen - niet brandweerlieden of Socrates - wiens persoonlijkheid lijkt te zijn

messed up tot zo'n extreme mate dat het wordt verpest hun

relaties en hun leven. Zij presenteren moeilijkheden die beide zijn

conceptuele (moet dit geldt als een " stoornis" worden behandeld door

psychiaters ?) en praktisch (zijn er effectieve manieren om hen te helpen

veranderen?) .

Antisociale persoonlijkheidsstoornis , in het ernstige einde inbegrip

psychopathie , is de erfgenaam van een verwarde geschiedenis van morele , juridische en

psychiatrische concepten, waaronder die welke wordt gekenmerkt door de negentiende

eeuwse term " morele krankzinnigheid " en de vroege twintigste eeuw termen

" Constitutioneel psychopathische inferioriteit " en " sociopaat " . (REFERENTIE

OM Millon , SIMONSEN EN birket - SMITH .) De moderne opvatting van een

psychopaat is sterk beïnvloed door Harvey Cleckley , die was

Hoogleraar psychiatrie aan de Universiteit van Georgia Medical School Hij gerapporteerd over de psychopaten onder zijn patiënten in The Mask of Sanity ,

Een poging om te verduidelijken Enkele punten over de zogenaamde Psychopathic

Persoonlijkheid (voor het eerst gepubliceerd in 1941 , heruitgegeven met aanzienlijke

herzieningen in 1950 , met verdere herzieningen tot de postume vijfde

uitgave in 1988) .

Cleckley 's voorgevoel (hoewel hij wist dat hij ontbrak bewijs om dit te ondersteunen) was

dat psychopaten zijn geboren op die manier : "Steeds Ik ben gekomen om

geloven dat sommige subtiele en diepe defect in het menselijk organisme ,

waarschijnlijk aangeboren maar niet erfelijk is, speelt de hoofdrol in de

puzzelen en spectaculaire mislukking psychopaat om het leven te ervaren

normaal en uit te voeren op een carrière voor de samenleving aanvaardbaar " . (REFERENTIE

OM Cleckley , PAGINA 403 .) Zijn boek heeft twee kanten, een beïnvloeding

populaire stereotypen en legenden over psychopaten en de andere

beïnvloeden psychiatrisch denken.

Cleckley had veel van de vooroordelen van zijn tijd en plaats. zijn boek

inclusief aanvallen op moderne ' permissiviteit ' , en over ' intellectuelen en

estheten "voor hun smaak van " wat wordt algemeen beschouwd als pervers ,

moedeloos of distastefully onbegrijpelijk " . Wat ze graag opgenomen

de geschriften van Gide (die " openlijk benadrukt dat pederastie is de

superieure en bij voorkeur manier van leven voor adolescente jongens ") en Joyce

(" Een verzameling van erudiete wartaal niet te onderscheiden voor de meeste mensen

van de bekende woord salade geproduceerd door hebephrenic patiënten op de

back- afdelingen van een ziekenhuis staat ") . (Verwijzing naar Cleckley , PAGINA 7 .)

In zijn beschrijving van een van zijn mannelijke patiënten die orale seks had met

vier Zwarte mannen , Cleckley afkeuring richt zich niet op de vraag of de mannen toestemming was echt, maar vooral op de keuze van zijn patiënt

partners . De man " kwam op het idee van het oppakken van vier negers

die in het gebied niet ver van zijn woonplaats heeft gewerkt. In een plaats

waar de Ku Klux Klan (en zijn bekende attitudes) op het moment

genoten van een goede deal van populariteit , deze intelligente en in sommige

opzichten onderscheiden jongeman toonde geen berouw over het nemen

uit het veld deze ongewassen arbeiders die hij verborgen in de rug

van een pick-up truck , met hem in een bekende plaats van amoureuze

rendez-vous ... Hoewel hij betreurde en zei dat zijn grap was vrij

een fout, hij leek totaal verstoken van een diepe schaamte . "

(Verwijzing naar Cleckley , PAGINA 361 .)

Cleckley bijgedragen aan het ontstaan of in stand houden van de populaire stereotype van de

psychopaat als niet echt mens , een satanische monster verbergen achter de

Mask Of Sanity . Dit is " de prachtig bedrieglijk masker van de

psychopaat " , die gebruik maakt van buitengewone faciliteiten en charme om te poseren als een

normaal persoon . " We hebben hier te maken niet met een volledige mens op alle, maar

met iets dat een subtiel geconstrueerde reflex machine suggereert die

kan de menselijke persoonlijkheid perfect na te bootsen . Deze goed functionerende

psychische apparaat reproduceert consequent niet alleen exemplaren van goede

menselijk redeneren maar ook passende simulaties van normale menselijke

emotie reactie op vrijwel alle verschillende stimuli leven . dus

perfect is de weergave van een geheel en normaal mens dat niemand die

onderzoekt hem in een klinische setting kan wijzen op de wetenschappelijke of

objectieve termen waarom , of hoe , hij is niet echt ... De psychopaat echter

perfect imiteert hij de mens in theorie , dat wil zeggen , wanneer hij spreekt voor zichzelf in woorden , niet helemaal als hij in de wordt gezet

praktijk van het werkelijke leven. " (verwijzing naar Cleckley , Pages 369-370 EN

383 .)

Onder psychiaters , heeft Cleckley 's invloed niet over het geweest

monster achter het masker , maar komt uit zijn krachtige beschrijvingen van

het gedrag van sommige van zijn psychopathische patiënten.

Een memorabele geval was " Milt " , die 19 was toen hij aankwam in het ziekenhuis .

Hij had een heleboel asociale dingen gedaan . Wanneer bekritiseerd voor hen , hij

gemaakte charmante excuses, maar leek nooit echt te waarderen de

ernst van wat hij had gedaan en op dezelfde manier uitgevoerd . een

incident was toen hij reed zijn moeder terug uit het ziekenhuis na

haar grote operatie . De auto blies een zekering en brak in het midden van

een zeer lange brug . Met duisternis valt , Milt reeks te lopen naar een

garage een halve mijl afstand om een zekering te krijgen . Hij zei dat hij een lift zou krijgen en

terug in minder dan vijftien minuten . Na een uur zijn radeloos

moeder in geslaagd om een lift naar huis te krijgen . Ze riep de ziekenhuizen om te zien of Milt

had een ongeluk gehad .

Op weg naar de garage , had hij een sigaar winkel gestopt voor 10-15

minuten aan voetbal resultaten te controleren . Toen riep hij op een meisje dat woont

de buurt en babbelde terloops voor een uur. Al die tijd die hij zich herinnerde

zijn moeder stond te wachten . Toen hij eindelijk de auto opgehaald en kwam

huis , werd hij boos op zijn moeder niet te hebben gewacht . Hij toonde " een

flauw immuniteit aan een erkenning dat hij onverantwoordelijk had gedragen of

zomaar " . (Verwijzing naar Cleckley , PAGINA 161 .)

Cleckley gebruikte deze en andere gevalsbeschrijvingen het opstellen van een lijst van de onderscheidende kenmerken van psychopaten . deze omvatten

oppervlakkige charme , onbetrouwbaarheid , onoprechtheid , gebrek aan wroeging ,

egocentrisme , emotionele armoede en een gebrek aan enig leven te volgen

plan. Het profiel van de " Cleckley psychopaat " is de oorsprong van

de huidige benaderingen van de diagnose , met inbegrip van de Hare Psychopathie

Checklist.

In de Psychopathie Checklist , Hare onderscheidt twee ' factoren ' , die

zijn sterk gecorreleerd met elkaar , maar hebben verschillende

patronen van inter - correlaties met andere variabelen . factor One

vertegenwoordigt persoonlijkheidskenmerken typisch voor het syndroom : " egoïstisch ,

hardvochtig en meedogenloos gebruik van anderen " . Factor Twee weerspiegelt sociaal

afwijkend gedrag : " chronisch instabiele , asociaal en sociaal

deviante levensstijl " . Indien de diagnose wordt een psychopaat verondersteld

om anti - sociaal gedrag te verklaren , vermoedelijk Factor Men doet het grootste deel van

de verklarende werk , zoals Factor Twee nauwelijks krijgt dan een opsomming van de

gedrag te verklaren . En de persoonlijkheidskenmerken van Factor One

beter inspelen op vragen over geweten. De items in Factor

One zijn welbespraaktheid en oppervlakkige charme, een grandioos gevoel van

eigenwaarde , pathologisch liegen , wordt commandotoren en manipulatief , gebrek

van wroeging of schuld , ondiepe emoties , die ongevoelig en ontbreekt

empathie , en het niet de verantwoordelijkheid voor het eigen handelen te aanvaarden .

(VERZOEK AAN ROBERT D. HAAS : The Hare Psychopathie CHECKLIST

-Revised .)

Er zijn vragen over hoe mensen uiteindelijk met een diagnose van

anti - sociale persoonlijkheidsstoornis . Degenen die ik ontmoette waren in Broadmoor als een gevolg van twee dingen : een grote misdaad hebben begaan en te zijn geweest

beoordeeld werd dat psychiatrische problemen niet als een " gewone "

criminele straf nodig . Er zijn vragen over hoe ver ze

zijn verschillend van meedogenloze mensen in het gewone leven , die erin slagen om te krijgen

hun weg is zonder het plegen van misdaden of anders zonder dat

gevangen . Hoe gaan ze te vergelijken met een aantal van de politici , zakenlieden ,

media magnaten , hoofden van academische instellingen , captains of industry

en anderen die kunnen soms ook liegen , ongevoelig , manipulatieve

charmers met een grandioos gevoel van eigenwaarde en weinig wroeging ? en

hoe gaan ze te vergelijken met degenen die soortgelijke misdrijven hebben gepleegd, maar

die naar de gevangenis wordt gestuurd in plaats van naar psychiaters zien ?

2 . AMORALISTS ?

Een voor de hand liggende vraag is hoe ver iemand met de antisociale verslag van

Factor twee , in combinatie met de glib , commandotoren , ongevoelig persoonlijkheid van

Factor Men moet in aanmerking komen als het hebben van een " stoornis" in plaats van alleen als

moreel slecht . Kan de persoon met antisociale persoonlijkheidsstoornis

stoornis blijken te zijn de " rationele amoralist " die achtervolgt worden

filosofische boeken over ethiek?

Minstens zo ver terug als Plato , filosofen schrijven over ethiek

herhaaldelijk geprobeerd om de uitdaging aan om overtuigende redenen te geven waarom

iedereen moet moeite over de vorderingen van de moraal . Een deze vormen

uitdaging nodig is, is de vraag naar argumenten die weerleggen de

amoralist . Maar deze theoretische constructie , de " amoralist " , blijkt

een gladde karakter .

De eenvoudige versie van de amoralist is iemand volkomen egoïstische en voorbereid meedogenloos te vertrappen iemand anders. Maar omdat

maatschappij is ingesteld om mensen ervan te weerhouden handelen als deze , een rationele

amoralist zal moeten opereren in zware vermomming . Om te voorkomen dat juridische

straf of sociale uitstoting , een egoïstische persoon moet ten minste

proberen te " geven " als iemand die de belangen van anderen respecteert .

Ongeacht de onderliggende houding , gedrag althans minder

van een bedreiging . Een tweede wijziging resulteert als de amoralist heeft

gewone menselijke verlangens naar relaties. Het diepste verhoudingen

onverenigbaar zijn met benaderd in een geest van eigenbelang

berekening. Dus sommige emotionele betrokkenheid met name voor andere

mensen kunnen sommige barsten te maken in de barrière tegen altruïsme .

Als resultaat van deze wijzigingen is een paring tot de

conceptuele kern van amoralisme . De zuivere " conceptuele " amoralist mag niet

egoïstisch . Hij kan vaak de zorg over andere mensen en zich jegens hen

met welwillendheid en zelfs edelmoedigheid . Maar hij doet dit omdat hij

wil , niet vanwege een gedachten die hij zou moeten zo of over doen

morele verplichtingen . Geconfronteerd met " morele " gebruik van woorden als " zou moeten " ,

"Rechts" , "fout" , " duty" , " verplichting " , zal hij reageren als Oscar Wilde

deed toen gevraagd of hij patriottische was : " Patriottisme is niet een van mijn

woorden " .

Een doelstelling van deze interviews was om te zien hoe ver mensen met antisociale

persoonlijkheidsstoornis wel of niet convergeren met een van deze types

van amoralist .

3 . HET INTERVIEW VRAGEN EN DE MORAAL beperkingen.

De mensen geïnterviewd hadden al gedaan wat verschrikkelijke dingen . de interview traject gestart vanuit een kader gebruikte ik voor eerdere werkzaamheden op

de psychologie van de mensen die betrokken zijn bij enkele van de grote twintigste

eeuw wreedheden . Denken over Auschwitz , de Goelag , Hiroshima of

de Rwandese genocide , is er een voor de hand liggende vraag : hoe kunnen mensen

hebben zich gebracht om zulke dingen te doen ? Ik deze benaderd met de vraag

over de beperkingen in het dagelijks leven waarin mensen voorkomen

martelen of doden elkaar . Ik stelde een reeks beperkingen en

vervolgens gevraagd wat er met hen was gebeurd in nazi-Duitsland , Rwanda en andere

plaatsen . Deze interviews geprobeerd een vergelijkbare strategie . Toen de mensen

Ik interviewde begaan hun vreselijke misdaden , waren de normale

hoofdsteunen overweldigd door andere dingen ? Zo ja, hoe waren ze

overweldigd , en door wat ? Of waren deze mensen zonder het normale

hoofdsteunen ? Hoe dan ook , wat er in hen omgaat ? Hoe hebben ze dat

over wat ze wel of niet moet doen?

Wat zijn de factoren die de meeste van de tijd , weerhouden mensen van

wreedheid , geweld en moord ? Een voor de hand liggende factor is eigenbelang .

De dood van een concurrent zou kunnen zijn winstgevend . Het aanvallen van een vijand

misschien psychologische voldoening. Maar de samenleving is georganiseerd in een

weg bestemd om de kosten te hoog te maken. Normaal , rationele

eigenbelang mensen , worden dergelijke verleidingen opwegen tegen het risico van

sociale schande en van langdurige gevangenisstraf.

Natuurlijk , voor de meeste mensen , egoïstische berekening is niet de

hele verhaal . Plato's briljant eenvoudige ' ring van Gyges " denken

experiment is ontworpen om dit uit te brengen . Als je een ring die gemaakt had

onzichtbaar , zodat misdaden niet zou worden gevolgd door straf en schande , zou u een reden om niet te stelen , niet niet te verkrachten of

aan mensen die u tegenwerken aanvallen? De ring van Gyges is een uitdaging

aan te geven welke morele middelen die we hebben : het huisverbod motieven die

zijn niet alleen eigenbelang .

Deze morele beperkingen zijn geworteld in onze psychologie . De centrale unit onder

ze zijn wat kan worden genoemd " de menselijke reacties " . We zijn in staat

gevoel sympathie voor andere mensen . Hoewel de reactie kan worden

verdoofd of over- gereden , we kunnen blij zijn met iemands vreugde of

bedroefd door hun lijden . We hebben de neiging om andere tonen

mensen respecteren . Weer de reactie kan worden verdoofd of overschreven . maar

het gevoel de meeste van ons hebben van andermans waardigheid is een barrière

tegen ze te vernederen . We zijn ontsteld om iemand het bespuwd zien

op . Deze menselijke reacties van sympathie en respect zijn gekoppeld aan

empathie : onze verbeelden hoe het is voor iemand anders om

ervaring lijden of vernedering .

Een andere belangrijke morele terughoudendheid is ons gevoel van onze eigen morele identiteit .

De meesten van ons hebben een idee van het soort persoon die we zijn . we soms

hebben een beeld van het soort persoon willen we zijn, samen

met waarden die dat beeld vorm te geven . Zelfs als het beeld is niet goed

uitgewerkt of is deels onbewust , kan het fungeren als een morele

terughoudendheid. We kunnen in ieder geval weten de aard van de persoon die we niet willen

zijn, en dit kan houden ons terug van het werken in de wapenhandel of

steeds een televisie- evangelist .

De vragen werden ontworpen vooral om te zien hoe ver deze morele

beperkingen waren aanwezig in de mannen die ik interviewde . Om het te maken vragen zo bedreigend mogelijk vermeed ik de vraag " heb je

een besef van goed en kwaad ? " In plaats daarvan vroeg ik wat ze zouden

leren kinderen over goed en kwaad. Ik heb ook gevraagd of , als zij

reed een auto , zouden ze parkeren in een " gehandicapte " ruimte , en wat hun

redenen waren voor het doen of niet te doen . Waar ze zeiden dat ze niet

parkeren in de invalide ruimte , de follow - up vraag over redenen kon

boren in hun eigenbelang : "Ik zou niet willen wiel - geklemde krijgen "

of " het zou onhandig zijn als mensen opgevallen " . Maar er was ook de

mogelijkheid van het vinden van een aantal van de morele bronnen : sympathie voor

mensen met een handicap , respect voor hun rechten of zelfs het gevoel van morele

identiteit : "Ik zou niet willen dat de soort persoon die zo werd verstaan zijn

om dat te doen " . Sommige vragen waren bedoeld om hun gevoel van verkennen

morele identiteit : " Hoe zou u het soort persoon die je denkt te beschrijven

je bent? Hebt u een idee van het soort persoon die u wilt

zijn? "Andere onderzocht of er waren dingen die hen het gevoel

schuldig . Anderen gingen in hun begrip van morele begrippen als

billijkheid.

De geïnterviewde personen hadden allemaal een diagnose van antisociale persoonlijkheid

stoornis . Ze hadden ook veroordeeld voor ten minste een ernstig misdrijf

zoals moord of verkrachting . Voordat de interviews vermeed ik het te weten komen

wat misdaden die zij hadden begaan , want ik wilde niet dat mijn reacties en

Gezien ze worden beïnvloed door deze kennis . En tijdens de interviews

Ik heb ze niet vragen wat hun misdaden was geweest . (Soms zijn ze

vrijwillig deze informatie ongevraagd .) Maar teneinde

verkennen hun vermogen tot empathie en sympathie , ik stel vragen in de trant van "Als je deed wat het ook was , heb je je voorstellen hoe

de mensen die je geschaad voelde ? Kunt u zich voorstellen hoe ze zich voelden ? Wist u

zorg over hoe ze zich voelden ? '

Deze interviews zijn een stuk " kwalitatief onderzoek " , een term die vaak

gecontrasteerd met " kwantitatief onderzoek " . Omdat de vragen niet

gericht op "ja" of "nee" antwoorden , maar zijn open -ended , deze interviews

lenen zich niet om kwantitatieve resultaten . Het doel was een

intuïtief begrip van hoe de leden van de groep denken over recht

en kwaad , over zichzelf en hun waarden . de intuïtieve

begrip kan wellicht worden vergeleken met die van een historicus proberen

een idee krijgen van wat Asquith was als uit zijn brieven , of proberen te

een gevoel krijgen voor de geest van Hitler uit de administratie van zijn tafel praten.

Dergelijke documenten kunnen lenen zich niet voor numerieke analyse , maar

toch kunnen zij het begrip van de historicus helpen .

Een stuk van kwalitatief onderzoek zal vaak roepen vragen op die

vereisen kwantitatief onderzoek . In deze studie , bijvoorbeeld , deze

interviews niet ook gegeven aan een controlegroep . We overwogen doen

dit , maar besloot tegen . Als een controle groep die we hadden kunnen hebben een

groep studenten , een groep mensen in psychiatrisch ziekenhuis met een

andere diagnose , een groep soldaten , een groep van verpleegkundigen , of een

groep mensen in de gevangenis . Andere controlegroepen zou genereren

zeer verschillende reeksen overeenkomsten en contrasten . elke mogelijke

controlegroep zou de nadruk van de studie zijn gekanteld in een

andere richting . Het hebben van een controle groep zou hebben toegestaan

meting , maar we dachten dat de voordelen van deze zou zijn geweest gecompenseerd door het kantelen effect . We wilden een breed beeld van deze

groep , niet een beeld hoofdzakelijk van de bijzondere contrasten tussen hen

en , zeggen de studenten .

Maar dit beeld zal vragen waarvan de antwoorden vereisen verhogen

vergelijkende en kwantitatieve methoden . Onze geïnterviewden waren

psychiatrische patiënten . Ze werden ook veroordeeld gewelddadige criminelen . ze

had ook de diagnose van antisociale persoonlijkheidsstoornis . aan

vestigen de onderscheidende bijdrage van hun diagnose aan wat zij

gezegd zou natuurlijk vereisen kwantitatieve vergelijkingen met die in

andere categorieën zonder diagnose . Het beeld hier is een

schetsen . Het doel is deels een intuïtief gevoel voor een groep mensen te geven

wiens eigen manier van kijken is niet veel begrepen , en deels aan

suggereren hypotheses die getest kunnen worden in toekomstige studies .

De interviews zijn " semi - gestructureerde " . Dat wil zeggen, een standaard set van

vragen was op zijn plaats , maar het was niet streng nageleefd. Het doel was

iets meer conversatie . Informaliteit kan mensen aanmoedigen om te

meer aanstaande . En , toen iemand zei iets interessants , voelde ik

vrij om het te volgen , ongeacht het oorspronkelijke plan . Dit maakte de

interviews nog minder gevoelig voor kwantificering , maar ik hoop dat dit

nadeel bleek zwaar te wegen dan het belang van wat was

gezegd.

HOOFDSTUK II: de contouren van een morele LANDSCHAP .

MORELE diepgang en oppervlakkigheid .

Een thema van de vragen ging over wat voor soort dingen verkeerd zijn ,

en wat maakt ze zo . (Meestal zet in termen van wat kinderen moeten onderwezen , in een poging de vraag minder bedreigend maken of

beschuldigen .) De tikte in het grote aanbod bij de vraag

geïnterviewden op een continuüm tussen wat kan morele 'diepte' worden genoemd

en " oppervlakkigheid " .

De vraag over wat dingen verkeerd soms uitgelokt antwoorden van

Opvallend oppervlakkigheid .

CQ : Ze moeten niet vloeken , weet je, doe wat je moeder zegt dat je

weet , weet je, het goed doen op school , als je groot bent , weet je. zijn

voorzichtig met wie je mengen met . Niet met vreemden praten , weet je . spullen

als dat ...

Dat is meer mis - pesten of vloeken ? Hm , vloeken en pesten

is verkeerd, zowel verkeerd in mijn ogen . Beide hetzelfde? Ja , allebei hetzelfde .

(QUIGLEY 1,2 .)

IQ : Maar ze zei dat ik heb mezelf een vrij hoge moralistische standaard ingesteld .

Wat kun je zeggen over uw zeer hoge moralistische normen ? Nou , ik

zweert niet voor vrouwen.

Ik ben respectvol. Ik bedoel, ik geloof in het openen van deuren , en als een

vrouwelijke , loopt mee , zij het een patiënt , of een lid van het personeel, laat ik

hen gaan door eerst de deur , en dat soort dingen ...

(Questor 6 .)

Anderen waren vrij onverstaanbaar wanneer gevraagd verder te gaan dan bedrijf

specifieke dingen die ze verkeerd gedacht en redenen voor items die worden geven

op de lijst. Maar soms een meer algemeen beeld (zoals " dingen die je

zou het niet leuk vinden als ze klaar waren om u "of" dingen die op de lange

termijn zal je niet gelukkig ') leverde ontstaan .

QA : Op een dag kocht ik mijn vrouw een dozijn rode rozen en leg ze op de top van

de televisie voor als ze komen en toen mijn zoon ze ziet hij sneed

ze af met een schaar . Nou , ik heb hem niet straffen . Mijn vrouw

gekastijd hem . Als je had met hem te praten , wat zou je

graag over te brengen ? Wat denk je dat kinderen moeten worden onderwezen over

goed en kwaad ? Niet om uit te gaan stelen . Niet om uit te gaan vechten en

gewoon weg te lopen . Het duurt een beter mens om weg te lopen dan gewoon staan

en vechten. Niet om uit te gaan en roepen mensen namen en zo. niet te

te krijgen in de problemen , echt . Maar als je de opvoeding van je kinderen,

zou je denken van het vertellen van hen heeft deze dingen ... Ze mogen niet snijrozen af ,

zij mogen niet schreeuwen na andere mensen. Stel dat de kinderen zeiden ,

"Wat al deze dingen verkeerd ? Wat is dat ze gemeen hebben

dat maakt ze verkeerd ? Nou , het is gewoon misbruik , dat is alles . Het is gewoon

misbruik ... die een misbruik de hele tijd . Stel dat je het opvoeden van een

kind en hij zegt: " Je vertelt me al deze dingen verkeerd zijn, maar wat

maakt ze verkeerd ? Wat al deze dingen stelen en liegen en

misbruik maken van mensen - wat maakt ze helemaal verkeerd ? Nou , het maakt ze verkeerd

- Het is niet hun eigendom . Het behoort aan iemand anders. Iemand anders heeft

gekocht of gebouwd heeft of had gegeven , of iets dergelijks , en

het is niet jouw eigendom . Het is hun bezit . Het is de hunne . Hoe zit het

schreeuwen naar oude mensen ? Wat maakt dat verkeerd ? Schreeuwen naar oude

mensen ? Nou , ik vind dat is mickey - nemen van meer dan wat dan ook . dat is

verkeerd, het misbruiken van oude mensen . Oude mensen niet omdraaien en beginnen

schreeuwen , afranseling , maar ik gebruikte om mijn twee kleine meisjes kastijden wanneer

ze gebruikt om te schreeuwen bij mevrouw Hopkins die vroeger naast de deur wonen . ze had twee stokken en ze gebruikt om de mickey nemen uit haar ... Ze op een dag

zou hetzelfde zijn en iemand kon schreeuwen naar je beginnen en hoe

zou jij het vinden ?

(ASH 2 , 3 .)

Wat is het onderscheid tussen diepgang en oppervlakkigheid hier ? diepte kan

komen van ernstige reflectie over waarom dingen uit. deze reflectie

zou kunnen zijn over zichzelf . Wat voor leven wil ik leiden en waarom ?

Wat voor soort persoon wil ik worden ? Het kan gaan over godsdienst of

samenleving . Niets van dit noodzakelijkerwijs veel zorg voor andere

mensen . Anderzijds diepte kan komen , niet van reflectie , maar

vanuit een intuïtief gevoel voor andere mensen en voor wat voor hen belangrijk is .

De vraag over hoe je het zou vinden als iemand begon te schreeuwen

bij u heeft ten minste wat diepte . Maar de nadruk ligt op het laten vrouwen gaan

door eerst de deur en niet vloeken zijn ondiep omdat

conventionele . Ze tonen geen tekenen een van reflectie op gronden van

een gevoel voor wat echt van invloed op mensen . Dit geldt meest duidelijk

van mening dat vloeken en pesten zijn even slecht .

Eigenbelang en DE RING VAN Gyges .

Er was de vraag wat beginselen van selectie , zij eventueel

werden gebruikt. Ze werden gevraagd waarom ze kinderen zou leren om wat te doen

dingen en geen anderen . Sommige schommelde tussen redenen waarom

een beroep gedaan op ideeën van goed en kwaad of de zorg voor andere mensen

en redenen aantrekkelijk voor eigenbelang . De nadruk lag sterk op

eigenbelang .

Als je het over jongere kinderen , zeggen kinderen van ongeveer 6 of 7 , wat zou u hen te leren over goed en kwaad ? Z.C : Nou, ik

zou ze leren ... niet te misdragen , niet te stelen . Ik zou hen vertellen

de redenen , dat wel. Ik zou niet alleen tegen hen zeggen -niet stelen omdat

het is verkeerd . Ik zou hen vertellen de reden . Want als je steelt , de

politie zou je uiteindelijk vangen , zouden ze je opsluiten en je

zou lijden . Ik zou hen vertellen op die manier. Heeft u nog andere weten

redenen ? Nou , dat het verkeerd is. Ik zou hen uitleggen - hoe zou je

als iemand om uw woning te stelen ? Je zou het niet willen. Dus niet stelen

andermans eigendom . En ook omdat het belangrijk is -u zijn

opgesloten , opgesloten in de gevangenis en goed je lijden. Je verliest je

vrijheid .

(Crinos 1.)

Anderen gaven redenen die gewoon een beroep op eigenbelang .

Wat zou je leren ze goed en fout is ? Wat heb je in

erg? NB : Um , leren ze niet met vreemden te praten, eh, niet op te krijgen

de verkeerde kant van de wet , de wet overtreden , um , leren ze dingen die

Ik heb meegemaakt , ze leren niet om te doen wat ik deed , soort dingen , dus

leren ze anders. Hier krijg je een goede opleiding , een goede baan . veronderstellen

je het onderwijs van uw kinderen niet met vreemden te praten, een goede

onderwijs , niet om de wet te overtreden . Ze draaien rond op de leeftijd van 13 en

zeggen: "Wel , OK , je bent ons te vertellen dat alles , maar waarom ? Wat is de reden

achter dit alles ? Wat zou je zeggen ? Um , [lange stilte] Want je moet

een baan in het leven en een goede opleiding in het leven om ergens te komen . Als je

niet , dan ben je gewoon gaat worden um , op de werkloosheidsuitkering, wonen in hostels

en bedsits voor leeftijden , geen geld , nauwelijks kleding, kan je niet krijgen een goede maaltijd . En dat is waarom je een goede opleiding en een baan nodig , en

als je in de bijstand en wonen in een zit-/slaapkamer , en je hebt niets

om uw naam , dan ga je stelen van winkels, voedsel van de winkels . u

gepakt , krijg je in de problemen met de wet . Dus echt je vertelt

ze hoe ze een gelukkig leven hebben ? Yeah .

(BLACK 2 .)

Wanneer de resultaten van gepakt zijn zo prominent onder de redenen ,

het is natuurlijk af te vragen wat de vraag over de ring van Gyges zal

wekken . Sommigen, begrijpelijkerwijs , waren een beetje gegooid door het. soms

was moeilijk om zeker te zijn hoe ver hun reacties het gevolg van een echte houding

en hoe ver ze het gevolg van de noodzaak om iets te zeggen als antwoord op

vragen ze vonden hard en misschien wel onder druk zetten .

In het algemeen kun denk dat mensen moeten doen wat juist is ? L.F : Ja . zelfs

als ze weg konden komen met het doen van de verkeerde dingen ? Wat is de reden

voor het juiste te doen als je weg kan komen met het niet te doen ? zeggen

weer ? Nou , stel dat je zou kunnen wegkomen met niet gepakt ,

wat is het punt van zich over het juiste te doen ? Nou , ik

weet niet [hij lacht] om eerlijk te zijn . Um , hangt , ik weet het niet , ik

weet het niet. Er was eens een filosoof die zei dat , als we een

ring die ons onzichtbaar gemaakt , zou er een vraag over de vraag of zijn

we moeten bekommeren over moraliteit helemaal ... Wat zou je denken

iemand die zei: "Nou , hoeven we niet te maken over rechts en

verkeerd , als we weg kunnen komen met het vanwege onzichtbaar " ? ik

dunno . Zou je voelt dat je een reden om het juiste te doen had ? Nee,

niet echt . Je zou kunnen stelen , maar je onzichtbaar waren zodat niemand zou zien ben jij het. Je zou doen ? Nou, ik denk het wel, ja .

(FARLEIGH 12 .)

Anderen waren niet zo gegooid door de vraag . Vaak is de eerste respons

te twijfelen aan de geloofwaardigheid van wat zo'n sprookjesachtige gedachte-experimenten

nemen . Zou onzichtbaarheid echt een betrouwbare bescherming tegen zijn

gevangen ?

De Griekse filosoof Plato had het idee dat , als we een ring die

maakte ons onzichtbaar , zou er een vraag die we hadden geen reden zijn

niet te stelen . Als we een ring die ons onzichtbaar gemaakt , zouden we nooit

gevangen . Zijn er nog redenen voor het niet dan stelen ? Z.C : Say

je onzichtbaar bent , kun je wegkomen met het misschien honderd keer .

Maar uiteindelijk zullen ze je suss - iemand die onzichtbaar is

dit te doen en ze zullen waarschijnlijk meer zijn ... kijk uit voor ... Dus je wil

komen te zitten in het einde? Ja ... Ze suss dat een onzichtbare persoon

is dit te doen . Er zijn een paar films waar ze tonen onzichtbare mensen en

uiteindelijk vingen zij hen.

(Crinos 7 .)

Maar de volgende reactie was vaak te denken dat een effectieve uitvoering

zou eventuele problemen over het stelen te verwijderen , hoewel de details van deze

gedachtengang was soms bizar .

Maar als ik kon wegkomen met het- als ik kon echt mee weg

forever - veronderstelling Ik wist dat ik weg kon komen met iets , zou

welk probleem er in het doen dan? Z.C : Er zou niet. Nee, je bent

rechts . Er zou geen probleem zijn . Als je onzichtbaar en , zeg, waren

hield het doden van mensen en je kon niet worden gevangen , dan uiteindelijk , en zou je de enige persoon op de planeet , en je eenzaam door zou zijn

jezelf als je iedereen vermoord .

(Crinos 7 .)

Een opvatting was dat het dragen van de ring van Gyges niet besluiten dat zou stoppen

verkeerd , maar het gebrek aan consequenties voor de drager zou betekenen

onjuistheid deed er niet toe .

Als een kind had die ring , wat zou je ze leren ? Zou er

alles wat ze ... JF : boven de wet , een stap boven de wet . zou

die dingen die nog verkeerd zou zijn , zelfs als je altijd kon krijgen

weg met hen ... Het zou verkeerd zijn , ja , maar als je zou kunnen wegkomen met

het, zou je een stap boven de wet. Dan , dat is alles goed? dat is

oke , ja .

(FALL 2 .)

Voor sommigen zou de ring resultaten die beter zijn dan " waren allemaal hebben

rechts " . Het zou een prachtige gelegenheid zijn.

Als we een ring die ons onzichtbaar gemaakt , zou er een reden te zijn

moeite over goed en kwaad ? Want je kon nog steeds een goede

leven , omdat je nooit gepakt zou worden ? N.B : Dat zou mijn perfect zijn

droom , dat zou doen. Dat zou uw perfecte droom. Het zou , ja .

Als je gewoon iets deed , kan van alles zijn ... En zou je dat doen ?

Ik zou doen , ja .

Als je een goed leven kon krijgen door dingen die verkeerd doen , omdat

kon je niet gepakt wordt , dan zou er geen probleem zijn? ... Ik denk ,

omdat ik wist dat ik kon wegkomen met het, maar kan je de ring gebruiken

op een manier waar je kon niet gewoon doen verkeerde dingen , maar krijg je een goed leven uit het gebruik van de ring ook? O.K , hoe zou je de ring gebruiken voor een

goed leven ? Um , huizen , auto's, boten , vakantie . Dit zou nemen

deze auto's en boten en dingen , zou het? Oh, ja , zou u ,

ja.

(BLACK 3 .)

Maar niet iedereen deelde het algemene enthousiasme voor de ring. een

dacht geweten zou nog steeds functioneren .

Als we onzichtbaar kon worden gemaakt ... zouden we geen enkele reden om moeite hebben

over het respecteren van de rechten van andere mensen, omdat niemand het zou weten

was ons . Wat denk je daarvan? B, f : Eh, ik denk dat als je had de

ultieme psychopaat zonder geweten , dan kan je wegkomen met het,

Ja. Maar ik denk niet dat er hier iemand is die ... Ik kan me niet voorstellen ,

misschien is er , dat er iemand wiens geweten zou toestaan

hen om weg te komen met het. Of , ik weet het niet , het klinkt , als je in

het soort plaats waar u dat wilt doen , eh, ik kon raden dat

zou je niet gewoon blij zijn met dat te doen .

(Fellows 3 .)

AMORALISTS ?

In de interviews , de (wijdverspreide maar niet universeel) enthousiasme voor

de bevrijdende effecten van de ring van Gyges suggereert enige affiniteit

met de meedogenloze eigenbelang van eenvoudige amoralisme . Deze voorzien

verwachtingen die ik had , gebaseerd op het stereotype over " gebrek aan een

geweten " . Maar tegen dat stereotype , hun visie paste niet

de conceptuele kern van amoralisme : het niet begrijpen , of de

afwijzing van de woordenschat van morele begrippen . Voor het grootste deel , ze niet hadden verlaten (of niet verwerven) de morele vocabulaire van

goed en fout , goed en slecht , eerlijk en oneerlijk. En bepaalde morele

concepten en gedachten in het bijzonder zijn diep verankerd in de

visie van velen van hen .

Eerlijkheid en eerbiediging van .

Onder de morele concepten die een sterke greep op de meeste van hen hadden

geïnterviewd waren eerlijkheid en respect voor de rechten van mensen . soms

eerbiediging werd gekoppeld aan mensen te laten hun eigen leven te leiden

en billijkheid werd gezien als gelijke behandeling. Deze gecombineerde het idee

dat verschillende groepen , zoals mannen en vrouwen , moeten evenzeer vrij zijn

om hun eigen leven te leiden .

ZC : In het geval van mijn zus , ik wou dat ze gaf geboorte aan de baby,

omdat ik graag veel neven en nichten hebben . Maar het is niet up

voor mij . Ik bedoel , ik kan niet gaan vertellen mijn zus - oh , ga op , je hebt de

baby, of je het nu leuk vindt of niet . Ik kan dat niet doen . Het is aan mijn

zus . Het is aan het individu. Dus een van je waarden respecteert

individuen? Welke andere waarden denk je dat je hebt ? Wie, ik ? Ja.

Waarden , eh ? [lange pauze] Nou ik sprak met een psycholoog een lange tijd

geleden . Ik geloof in - Ik geloof dat vrouwen zo gelijk zou moeten zijn

mannen zijn . Ik geloof dat vrouwen moeten worden toegestaan om de taak die de mannen

doen - ze moeten worden toegestaan om het zo goed doen . Als ze goed in,

ze moeten worden toegestaan om het te doen . Ik geloof ook dat de vrouw - I

bedoel, als de vrouw gaat uit en heeft veel seks hebben met mannen , sommige mannen

zou haar een slet noemen . Maar ik ben het niet eens met dat . Mannen willen gaan en

hebben genoeg van seks met vrouwen , dus een vrouw zou mogen hebben veel seks hebben met mannen . Is dit een kwestie van eerlijkheid ? Het is , ja . wat

is eerlijkheid ? Wat betekent het eerlijk of oneerlijk te zijn ? gelijkheid

iedereen . Wat ze ook mogen zijn , moeten de anderen

mogen leven .

(Crinos 4 .)

Soms zorg voor rechtvaardigheid en de rechten werd gekoppeld aan

fantasierijke bewustzijn van hoe anderen zouden voelen als oneerlijk behandeld

of wanneer hun rechten worden genegeerd . De man, wiens geweten niet zou

laat hem niet ontsnappen met behulp van de ring van Gyges sprak tot de verbeelding

hier .

Het nemen van uw auto naar de boodschappen te krijgen , wat zou jij doen als er een

tekort aan ruimte en er was een gehandicapte ruimte , zou je parkeren in

gehandicapten ruimte soms of niet ? B, f : Nee, helemaal niet ? Helemaal niet,

nee . Waarom niet ? Eh, omdat er een specifieke reden . uitgeschakeld hebben

problemen met mobiliteit , en je weet dat er zou niets houdt mij

parkeren van een lange weg en wandelen met het winkelcentrum ... maar sommige mensen

hebben

een .. nodig rolstoelen , wat dan ook, om rond te komen ... of rollators , dus ik

zou het niet , het zou heel oneerlijk , um ... Oneerlijke zijn? Ja , op elke mogelijke

gehandicapte die wilde gebruiken. Ja. Hoe bepaal je wat er

eerlijk en wat is oneerlijk? Um , ik veronderstel een deel van dat is te danken aan , zou

het leed veroorzaken, creëren problemen voor iemand ? Ja. En , eh, je

weet , is het kijken naar voor-en nadelen van elke beslissing die ik neem aan dat , eh , ja

het zou me tijd en moeite besparen als ik daar geparkeerd , maar de hoeveelheid

inspanning en tijd een gehandicapte persoon zou verliezen zou massaal opwegen tegen dat . Dus het is deels een soort van grootste geluk voor het grootste aantal

soort van uitgifte, (of minst ellende) ? Um , deels , maar het is niet alleen maar

dat . Nee Wat is het? Um , ik denk dat het deels hoe ik me voel over

het toch. Als je zegt " hoe je je voelt " wat heb je in gedachten ? um ,

nou ik denk dat iedereen heeft ervaren op een bepaald punt gehandicapten

genegeerd , hun rechten worden genegeerd , en de manier waarop die kunnen maken

ze voelen. En als je heel blij om net met dat, dan ,

eh, zal je waarschijnlijk niet zo veel van een probleem met het gebruik van hun

parkeerplaats, maar , eh, als je dat niet bent, dan ...

(Fellows 1,2 .)

Maar dit beroep op de verbeelding was zeldzaam . Voor de meeste andere geïnterviewden ,

terwijl het respect voor de rechten van mensen belangrijk was , was het niet

vooral gekoppeld aan empathie of sympathie gevoel voor mensen

van wie de rechten zijn over- bereden .

Denk je dat het verkeerd is om te parkeren in een gehandicapte ruimte? O.A : Ja , dat doe ik .

Waarom is het verkeerd ? Omdat er iemand die komt om te gebruiken zou kunnen zijn

de ruimte die is uitgeschakeld en kan daar niet parkeren . Het is niet wat ik zou doen

doen . Is dat omdat je medelijden met de persoon met een handicap voelen ? Nee, het is

omdat mensen met een handicap hebben rechten net als normale mensen kregen . Ja ,

het is gewoon respect voor hun rechten ? Ja , ik heb respect voor hun fundamentele rechten .

(Addison 1.)

Het is de moeite waard het verkennen van deze sterke betrokkenheid bij eerlijkheid en

inachtneming van de rechten , maar die niet het gevolg zijn van fantasierijke sympathie

met die oneerlijk behandeld . Het is een dominant kenmerk van deze morele

landschap . Waar komt het vandaan?

BRONNEN van moraliteit ZONDER sympathie.

Een interview bracht een motief voor het respecteren van de rechten van mensen die weergalmde Hume's oproep aan de stabiliteit en andere voordelen die komen van stilzwijgend onderlinge verdragen eigendom elkaars respecteren .

Q.A : Er is geen stelen helemaal . Ik heb nog nooit gehoord van een patiënt stelen van een andere patiënt in dit ziekenhuis . Waarom denkt u dat is ? Nou, ik denk dat ze elkaar respecteren . Ik heb een televisie gekregen , ik heb een budgie , een Walkman - al dat soort dingen . En ik laat mijn deur geopend . Elke patiënt heeft al dezelfde soort dingen . Ze doen een beetje van het ruilen , het rijden en het omgaan met elkaar , maar ze niet gaan stelen van elkaar . U noemde over het respecteren van elkaar andere . Je mensen veel respect ? Ik mensen respecteren als ze met me praten en behandelen me OK . Als ze dat niet doen , ik negeer ze . Ik zal niet niets te maken met hen. Ik wil niets te maken met enige onruststokers of iets dergelijks nu ...

(7 , ? 8 ASH ? .)

In het ziekenhuis leek er een set van stilzwijgende conventies zijn dat verder ging dan respect voor eigendom.

In het ziekenhuis hier is er een soort morele code die mensen gehoorzamen over wat je doet met elkaar , hoe je met elkaar omgaan en ga zo maar door , of niet ? Zijn er dingen die de meeste patiënten zijn het erover eens verkeerd waren wanneer een persoon doet het aan een andere patiënt ? J.Q : Ja, ik denk het wel . Er is eigenlijk niets gezegd of opgeschreven , maar het is een soort van Algemeen wordt aangenomen dat , zonder dat er ooit iets wordt gezegd , van wat en wat niet gedaan . Wat zou je zeggen zijn de dingen in die morele code ? Eh, ik bedoel, homoseksualiteit , in prive OK , in het openbaar , nee.

Dat soort dingen, weet je ...

Het is een soort van aanvaarde regel dat je geen mensen te vragen naar hun

geschiedenis of iets dergelijks.

(Quirk , 12-13 .)

De groei van een dergelijke overeenkomst vereist een idee van wat anderen

waarschijnlijk willen en hoe ze zijn waarschijnlijk gedragen in reactie op

de stilzwijgende afspraak wordt gehouden of gebroken . Maar het hebben van empathie voor ,

of de zorg over de gevoelens van anderen is niet essentieel . deze

strategie is op zijn best een minimale stap verwijderd van het eigenbelang

amoralisme .

Sympathie is niet de enige weg uit de buurt van amoralisme . De meeste mensen 's

morele vooruitzichten afkomstig uit verschillende bronnen . Sommige zijn verbonden

sympathie en sommige niet. In de interviews drie elementen niet

gekoppeld aan sympathie speelde een grote rol . Een daarvan is wat kan worden genoemd

"Commando moraal " . De andere twee zijn versies van eerlijkheid , een basis

op wat kan 'primitieve gelijkheid " en de andere op basis van genoemd worden wat

mensen verdienen .

COMMANDO moraal.

Een voorbeeld van commando moraliteit wordt gevonden in autoritaire versies van

religie : " Dit is verkeerd, omdat God het gezegd heeft , en er is geen ruimte

voor verdere discussie . " Een andere versie is de houding veel mensen

moet de wet van het land : "het is niet aan mij om te beoordelen of de

redenen voor een wet goed of slecht zijn ; Dit is illegaal en zo hoort het

niet worden gedaan " . Immanuel Kants zinsnede " de morele wet " brengt parallellen tussen zijn seculiere moraal en zowel goddelijk als

Parlementaire wetten . Sommigen hebben geklaagd dat zijn aanpak heeft een

verborgen afhankelijkheid van het idee van een goddelijke wetgever deze critici denken

nog steeds schuilt achter het zogenaamd seculiere morele wet. En , kijkend naar

religieuze moraal zelf , Freud beroemde zag , op de loer op zijn beurt achter

de goddelijke wetgever , de opdrachten en bestraffingen van een kind de werkelijke

vader. De goddelijk geïnspireerde " stem van het geweten " was in zijn ogen

de geïnternaliseerde echo van de schuld- inducerende ouderlijke stem.

Geen van de geïnterviewden genoemde God of gaf religieuze redenen in

ondersteuning van hun morele overtuigingen, en er was slechts een van hen die

zelfs zou kunnen hebben gehoord van Kant . Wat waarheden of illusies ten grondslag liggen

de verschillende theoretische varianten , commando moraal was een aanwezigheid in

de interviews . Niet verwonderlijk , ouderlijke opdrachten waren de belangrijke

die , zoals bij de man bovengenoemde die pesten dachten en

beëdiging waren even mis :

Waarom is er mis vloeken ? C.Q : Nou het is gewoon de manier waarop ik werd gebracht

up , niet vloeken op mensen . Het is de manier waarop mijn vader en moeder heeft mij ,

weet je . We werden opgevoed als om wat er mis was en wat goed was

en dat weet je . " ...

(QUIGLEY , 1,2 .)

Anderen gezinspeeld op ouderlijk gezag als de reden voor het houden van

bepaalde overtuigingen. In een geval valt dit samen met de koningin

centraal staat om een deel van hun inhoud. Mogelijk worden opgevoed met

een commando moraal stimuleert een algemene bereidheid om uit te stellen tot die

gezien als autoriteit .

LN : Ik denk dat de doodstraf voor bepaalde misdrijven moet worden

verplicht. Voor welke misdrijven ? Vermoorden van kinderen , mensen vermoorden

onder de leeftijd van 16 , er, brandstichting met de bedoeling om gevaar, brandstichting van Hare

Majesty's eigendom , brandstichting , zoals brandstichting in elke plaats waar de Kroon 's

bij bedreiging ... Als ik [worden in] Portsmouth en proberen in brand te steken een

fregatten van haar majesteit zou ik worden opgehangen voor. Omdat het brandstichting

van de dokken van Hare Majesteit .

Ik veronderstel dat het ding dat je zei dat het meest verbaast mij is het ding

over " de mensen moet worden uitgevoerd voor brandstichting van Hare Majesteit 's

eigendom " . Dat maakt het klinken alsof , als iemand in de gevangenis en

ze in brand aan een van de prullenbakken , het is Her Majesty's

gevangenis ... Dat is geen brandstichting . Ik bedoel zoals in brand , zoals proberen te stellen

brand aan , zeg, Kensington Palace , in brand Buckingham Palace ,

Clarence House , Glamis Castle . Waarom is het een verschil maken als het

een van die paleizen in plaats van alleen een flatgebouw ? Omdat het

de Queen's eigendom , Queen's eigendom. Wat is er speciaal aan de

Queen ? Het is de manier waarop ik ben opgevoed , respect voor de Kroon , respecteren de

uniform , respecteren de koninklijke familie . Als ik zeg dat ik niet zo geïnteresseerd in

inachtneming van de koninklijke familie , kunt u mij een goede reden waarom ik

zou moeten? Waar zou je zijn zonder hen? .. Ik zou zeggen, je moet

kijken , zonder dat de koningin je niet van plan om een fatsoenlijke manier hebben

leven ... Ik zie het , ik bedoel , de manier waarop ik ben opgevoed , de koningin ,

hoe zal ik het zeggen , de Koningin is de nummer een persoon , weet je wat ik

bedoel , na jezelf. Je weet wat ik bedoel , heb je jezelf hebt , en

dan moet je de monarchie respecteren omdat de monarchie opzichten je ... [A] goed voorbeeld is prins Charles . Hij is betrokken bij

behoud, hij is betrokken bij de kunst ... Hij is niet zoals , ook al is hij

koninklijk , zal hij tijd om te zitten , met je praten , en waarschijnlijk begrijpt nemen

je beter dan jezelf , waarschijnlijk . Ik weet niet of ik geloof dat hij

begrijpt me beter dan ik mezelf, maar .. Maar hij kreeg meer

ervaring ... Ik weet het niet, het is gewoon de manier waarop ik opgevoed .

(NICHOLSON 5 , 6.)

Dit respect voor autoriteit soms gecombineerd met ideeën over

loyaliteit naar je eigen land . Het resultaat was een " mijn land rechts of

verkeerde ' geloof in onvoorwaardelijke gehoorzaamheid aan de eisen van patriottisme .

Sommige mensen zeggen dat een probleem met het leger is dat je moet

gehoorzamen orders, soms moet je mensen te doden als er een oorlog , en het kan

niet juist zijn om dat altijd te doen. O.A : Om je land te verdedigen , ja ,

recht het is . In de oorlog , is het goed? Ja , natuurlijk is . Je bent niet

gewoon verdedigen van je vaderland , je verdedigt de vrouwen , de

kinderen , mensen erin . Je verdediging van hun recht om vrij te zijn . het

duurt twee kanten aan een oorlog , en een kant verdedigt en de andere

kant aanvalt . Kunt u altijd rekenen op onze kant om degenen te zijn die

verdedigen ? Als je Britse bent , sta je voor Groot-Brittannië , of het nu

goed of fout . Je maakt deel uit van dat land. Als Groot-Brittannië zegt: " Rechts,

Ik ben in oorlog met deze groep " , hoef je geen ruzie . Je zegt gewoon: " Fair

genoeg "en" Laten we doen wat we moeten doen " .

(Addison 5 .)

FAIRNESS als primitief GELIJKHEID .

Een andere bron van morele overtuigingen die niet afhankelijk zijn van sympathie is de rechtvaardigheidsgevoel . Een versie van deze is de zorg is voor gelijke

behandeling . De meeste ouders weten de diepe passie die wekt ongelijkheid

bij kinderen . Op zeer jonge leeftijd , misschien wat ' primitieve worden genoemd

gelijkheid "lijkt diepgeworteld . Iedereen die heeft drie kinderen en

drie stukken taart , en die hen verdeelt op een andere manier dan

voor de hand liggende , binnenkort komt over de passie over.

In een aantal interviews , de sterke steun voor gelijke behandeling

leek gerelateerd aan deze primitieve gelijkheid . Opvallend is dat een

verwijzing teruggrepen naar de kindertijd , wanneer een kind werd gegeven zak

geld en een was niet .

NB : oneerlijkheid kan zijn , eh, mijn moeder gaf me zakgeld maar niet mijn

zus . Dat is oneerlijkheid ook. Dus eerlijkheid is het behandelen van mensen de

hetzelfde? Ja, gelijk worden behandeld om de andere persoon ... Dus ik zou u geven

£ 1,50 en ik zou de andere persoon geven £ 1,50 dus het is gelijk dus het is eerlijk .

Hij krijgt meer dan u .

(BLACK 10 .)

FAIRNESS als wat mensen verdienen , en vergelding .

Een versie van eerlijkheid gaat over wat mensen verdienen : dat mensen

moet worden beloond of gestraft , schuld of geprezen , volgens wat

zij hebben gekozen om te doen . De diepe oneerlijkheid van onverdiende straf

was een thema in verschillende interviews .

Wat is eerlijkheid en wat is oneerlijkheid ? N.B : Oneerlijke behandeling is net als toen

iemand de schuld voor iets wat ze niet echt gedaan . Ik ben geweest

beschuldigd van dingen die ik eigenlijk niet gedaan en dat is oneerlijkheid ,

Er was ook een sterk gevoel van onrechtvaardigheid wanneer anderen niet had gegeven hun de steun en loyaliteit ze dachten dat ze verdienden .

Denk je dat je iets zien van uw familie, of zijn ze echt

uit het beeld ? Q.A : Nou, ik heb maar een zus vertrokken . Ik was in

raak met mijn vrouw vorig jaar omdat mijn zoon stierf . Ik denk dat de laatste

keer dat ik hoor van mijn vrouw was 16 jaar geleden, en het nam mijn zoon om te sterven

voor haar om in contact met mij. Ik ging naar huis om haar te zien voor de dag

na de begrafenis . Een paar maanden later gingen we naar huis . het personeel

nam me mee om mijn vrouw te bezoeken voor de dag en ik en mijn vrouw ging naar

het graf . Toen gingen we terug naar de flat en zij zei: " Ik heb alle

verf en het behang en dat alles binnen klaar voor wanneer je komt

home " . Ik zei: " Ik ga niet naar huis komen " . Na 16 jaar , is ze niet geweest

contact met mij en omdat mijn zoon stierf en ze is in haar eentje nu , ze

wilde me terug . Na 16 jaar toen ik al opgesloten . Dat is niet

eerlijk.

(ASH 7, 8 .)

Het belang van wat mensen verdienen niet alleen iets dat

opgedoken in het kader van onverdiende schuld of verwaarlozing in hun

eigen leven . Het vormde een groot deel van hun denken over meer publiek

aangelegenheden . Bijvoorbeeld, een voorgesteld , terwijl het doden van de

Kray twins waren niet gerechtvaardigd , zij werden ten minste verzacht door de

dachten dat hun slachtoffers zouden hebben gekregen wat ze verdienden .

J.F : De Krays alleen gedood hun eigen . Ze doodde niet onschuldig

mensen . Ik begrijp het. Wie hebben ze vermoord? Ze doodden Jack " The Hat " McVitie

en George Cornell . George Cornell was met de Richardsons . de

Richardsons gebruikt om mensen te martelen en George Cornell was altijd schreeuwen zijn mond af over Ronnie Kray , noemde hem een dikke poef en

dat en deze business , zeggen hoe hij was niet bang voor de Krays en

dat ze ponces en schreeuwen zijn mond af . En hij werkte met de

Richardsons en hij was een gangster zelf . Dus Ronnie Kray schoot hem in

het hoofd. Hij was gewoon vermoorden andere gangster . En Jack " The Hat "

McVitie - hij moest zijn met de Krays maar hij was altijd

schreeuwen zijn mond af dat hij zou gaan om de Krays krijgen ... Hij duwde een

vrouw uit de auto en ze had haar rug brak en ze kon niet lopen

weer en de Krays had om voor haar . Ze gaven geld, zodat ze

zou wel goed financieel , en deze Jack " The Hat " McVitie was

veroorzaakt alleen maar problemen . Hij deed het Krays uit geld en

Hij schreeuwde zijn mond af . Dus Reggie hem vermoord . Hij gestoken hem

dood . Maakt dat het goed om hem te doden ? Het maakt het niet

rechts, nee, maar hij alleen verkeerde mensen gedood. Hij doodde niet onschuldig

mensen . Hoe zit het met mensen die onschuldigen doden ? Wat doe je

denk dat er moet gebeuren ? Dat is slecht . Ik denk dat ze moeten worden opgehangen .

(FALL 4-5 .)

Er was veel steun voor de doodstraf .

Waarom zouden we denken dat het goed is om iemand te vermoorden , omdat ze hebben

begaan deze misdaden ? L.N : Want het is onmenselijk zeker te doen

dat soort dingen . Ik zie het in deze trant , is een van mijn adviezen ,

iedereen die een kind kan schaden ... verdient het niet om te leven . Dat is gewoon mijn

mening, de manier waarop ik ben opgevoed . Ik bedoel als je een kind pijn doen ,

- boom- je weet wat ik bedoel, er is het straffen van een kind en vervolgens

Er is gewoon te gaan van uw manier om een kind pijn doen . Dat is uit orde . Sommige mensen zeggen twee schaden niet het recht te maken. Dat het

verschrikkelijk om een kind te doden , maar het is ook verschrikkelijk om de persoon te doden

die het kind heeft vermoord? Je hoeft niet mee eens ? Het is gewoon de manier waarop

Ik heb mezelf opgevoed , echt , je weet wat ik bedoel . Ook al ben ik

een vroom katholiek , ik denk nog steeds pedofilie is de ergste misdaad in de

wereld , en er is slechts een zin voor het dood ...

(NICHOLSON , 5 of 6.)

Soms zijn de ondersteunende redenen waren opvallend ondiep , maar dit

kan worden gecombineerd met een sterk gevoel van de oneerlijkheid van onschuldige

mensen wordt uitgevoerd.

NB : Ik denk dat zware overtreders moeten worden uitgevoerd . Waarom denk je dat

dat ? Um , ik kijk maar naar Engeland . Er is geen ruimte , is er gevangenen

overal, er is criminelen opknoping rond en dat , en ik denk

dat als er executie toen , meer uitvoeren dan normaal , denk ik

het zou een meer rustigere wereld om in te wonen Sommige mensen zeggen dat een van

de problemen met de uitvoering van de mensen is dat mensen die onschuldig

soms ten onrechte te worden veroordeeld. Ja, ik denk dat , OK ja, denk ik

dan is de wet moet ervoor zorgen dat je hebt 100 % bewijs voor executie .

Ja , maar je kunt niet altijd 100 % bewijs . Nee, dat kan niet .

Sommige mensen zouden zeggen: " Nou, als het enorm zou verminderen de moord

tarief , laat staan als er een paar mensen worden uitgevoerd, omdat er minder mensen sterven

overall " . Zou u zeggen dat juist is of denk je dat verkeerd ? ik

denk dat dat verkeerd is. Waarom ? Omdat ze gewoon het doden van onschuldige mensen .

, Zodat ze uiteindelijk zijn moordenaars zelf . Dus het is oneerlijk? Yeah .

(BLACK 10 .)

Soms ideeën van wat maakte iemand verdient uitvoering werden verbonden

met een netwerk van andere onderscheidende morele opvattingen .

OA : Als een man vermoordt een man, dan , voor zover ik mij betreft , dat is

aanvaardbaar , omdat een man zichzelf kan verdedigen . Als iemand valt een

man van de voorkant, of twee mannen hebben ruzie en een van hen sterft ,

iemand hem raakt en hij naar beneden valt en sterft , dat is aanvaardbaar omdat

ze hebben ruzie gehad en per ongeluk iemand gestorven . Als je naar buiten

met de bedoeling van het doden van iemand , dan moet je je leven verliezen.

Als u een kind te doden moet je je leven verliezen .

(Addison 8 .)

Soms , hoewel zelden, steun voor de doodstraf was gekoppeld aan

wroeging over de persoon eigen verleden en sympathie voor zijn slachtoffers .

Sommige mensen denken dat het verkeerd is om de doodstraf te hebben. Wat doe je

denken ? QA : In sommige gevallen , ja , en in sommige gevallen - no . welke gevallen

zou zijn "ja" ? Er is al onschuldige mensen - elektrische voorgezeten en de

schuldige is al later gevonden . In verkrachting moet er de berk - geven zijn

hen de berk , of kat - van - negen - staarten - in het geval van het verkrachten . in de

geval van seksueel geweld op kinderen , hetzelfde en ze zouden moeten zijn

gecastreerd . In het geval van daadwerkelijk moord , zou ik het eens met hangende .

Ik heb twee keer twee mensen gedood , en ik vergeet het nooit . Ik heb niet alleen

pijn doen . Ik heb pijn hun familie mentaal, niet fysiek maar mentaal ,

en hun dierbaren .

(ASH 5 .)

Een sterke betrokkenheid bij vergelding en de woestijn konden mensen in leiden

verschillende richtingen . De bezorgdheid over de executie van onschuldige mensen leidde een geïnterviewde om de doodstraf af te wijzen , hoewel hij

dacht ook dat , waar iemand heeft verdiend te straffen , een eigen

gewelddadige respons kon worden gerechtvaardigd .

LF : Zeg heb je iemand die ... geslagen en inbraak , geslagen

oude vrouwen en het nemen van al hun geld . De politie heeft niet genoeg gekregen

bewijs voor een veroordeling en ze zit daar rijden deze mooie

motoren en het gooien van al dit geld rond en dat soort dingen , en

dan zou ik geen compun ... geen schuldgevoel over , eh, het nemen van geld van hem of

het stelen van hem af , of wat , liegen tegen hem of , weet je wat ik bedoel ,

of hem aanvallen ...

Denkt u dat er moet de doodstraf zijn? Nee, waarom niet ? Nou ,

het hangt . Als je het toe te geven en het is zeker goed dat ze doen

het, dan misschien , maar heb je altijd die gevallen waarin onschuldige mensen ...

Ja, dus je zou niet mensen executeren omdat ze onschuldig zou kunnen zijn?

Nee , dat doe ik niet , nee , waarschijnlijk niet , nee.

(FARLEIGH 4 , 10 .)

PATRONEN .

Drie thema's onderscheiden : morele oppervlakkigheid , de dominantie van

eigenbelang boven fantasierijke zorg voor anderen , en een moraal

het benadrukken van eerlijkheid en rechten , maar opnieuw met zijn wortels niet in

empathie voor anderen . (Dit zijn de dominante indrukken, maar ik heb

geciteerde opmerkingen van bepaalde mensen die tegen elk van deze

generalisaties .)

De oppervlakkigheid is duidelijk in de trivialiteit van een aantal van de voorgestelde

zedenleer over het laten van vrouwen door eerst de deur , of vloeken zijn zo slecht als pesten . Indien een gemotiveerd , ze toonden

weinig tekenen van bedachtzaamheid of van een gevoel van wat er echt toe deed

aan andere mensen. De dominantie van eigenbelang is duidelijk in de

welkom aan de ring van Gyges , mits het werkt . deze twee

factoren samen genomen kan een groep van amoralists die geen stel

werkelijke opvatting van wat moraal is over .

Maar dit beeld van de flat amorele landschap is hooguit een halve waarheid .

Wat gaat er tegen het is de zeer zichtbare ontsluiting van morele begrippen

geclusterd rond ideeën van rechtvaardigheid en wat mensen verdienen . Het is een

morele landschap , maar een smalle en moeilijke. In een paar slechts van de mannen

geïnterviewd , overtuigingen over rechten en gelijkheid is gegroeid uit een zorg

voor andere mensen de mogelijkheid om hun eigen leven te leven , of uit

verbeelden hoe mensen met een handicap voelen wanneer hun rechten worden met voeten getreden .

Voor de meesten van hen , fantasierijke zorg voor anderen was niet centraal . de

nadruk op primitieve gelijkheid en van wat mensen verdienen leek

vrij direct afkomstig van darm reacties, onbemiddeld door veel aandacht

over hen. De ideeën van wat mensen verdienen waren vaak gekoppeld aan

hun eigen gevoelens van oneerlijk behandeld wanneer de loyaliteit ontkend

ze dachten dat ze verdienden of schuld voor dingen die ze niet gedaan hadden . in

het grootste deel van de groep , deze constellatie van ideeën leek grotendeels

onafhankelijk van empathie of sympathie .

Opnieuw wordt de shallowness opvallend . Deze komt uit in het belang

verbonden aan de Queen's eigendom en met het geloof in de aanvaardbaarheid van

" Aanvallen van een man uit het front" . Het komt uit in het zien van iemand

problemen veroorzaakt en " schreeuwen zijn mond af " als een serieuze matiging van de onjuistheid van zijn moord. Het komt uit in het geven als

reden voor de ondersteuning van de doodstraf : "Ik kijk maar naar Engeland .

Er is geen ruimte , er is gevangenen overal , er is criminelen

opknoping rond ... " . Dit alles heeft dezelfde trivialiteit als het laten vrouwen

door eerst de deur en het geloof in de ernstige onjuistheid van

vloeken . Sommige van de oppervlakkigheid kan afkomstig zijn van opgevoed met

een commando moraal , die gaat niet over verbeelden hoe mensen zich voelen . noch

ontstaat het doordachte reflectie. In plaats daarvan , het stimuleert een

aanpak , bijvoorbeeld om de moraal van de oorlog , van de onmiddellijke en

kritiekloze gehoorzaamheid : " Als Groot-Brittannië zegt:" Ik ben in oorlog met deze groep " ,

je hoeft geen ruzie . Je zegt gewoon: " Fair enough . " . "

HOOFDSTUK DRIE : KINDEREN EN NA .

Bij het interviewen van mensen , heb ik ook niet hun misdaden of invoeren

hun jeugd . Maar ze vaak opgeworpen een van deze onderwerpen of beide.

Het werd duidelijk dat velen van hen zag een sterke verbinding tussen de

twee . Het begon te lijken belangrijk om nader te kijken naar hun

zin dat hun gewelddadige acties werden gekoppeld aan een rampzalige

kindertijd .

1 . KINDERTIJD afwijzing.

LF : Nou, ik wist dat het verkeerd was , eh, maar er was veel , ik ben niet

soort van verzachtende , maar werd ik trouwen en de volgende dag ... het is een

lang verhaal echt . Wanneer het goed gaat , ik soort van altijd ,

muck 'em up , rotzooi' em up . Wil je me vertellen hoe het gebeurd is , of

niet ? Nou, ik had om te gaan en mijn pak , en er was verschillende dingen

we moesten betalen voor . Vriendin was gaande over dit dat en de andere en wat we , wat moest worden betaald , geld , rekeningen , en niet

net rekeningen maar net als voor deze bruiloft en dat . En ik ging naar buiten en ik

gedaan van een inbraak en toen ik daar was zag ik al die foto's , alle

deze gelukkige gezinnen die je kent , en um , sloeg de plek op en zette

vuren aan. Was het de foto's van de gelukkige gezinnen die de aanleiding

dat ? Eh, ja, ik denk het wel ja . Was dat omdat je voelde je niet had

had een gelukkig gezin ? Nou ik weet dat ik niet een gelukkig gezin gehad . Maar het is

gewoon mijn hele leven alles is altijd fout gegaan , het voelt gewoon , goed

dit is gewoon hoe het is . Maar als dingen goed gaan , ik weet alleen

dat de dingen alleen maar gaat om te gaan .. "

(FARLEIGH 6 .)

Het project bleef gaan over de moraliteit en waarden van de

mensen geïnterviewd , maar het duurde een extra dimensie . Hoe hadden hun

jeugd vormige wat ze verzorgd over , en hoe op hun beurt dit deed

vormgeven bijdragen aan hun asociale geweld ?

Velen van hen beschreven jeugd waarin ze werden getoond weinig liefde .

Waarom heb je niet thuis te zijn ? O.A : Omdat ik niet geliefd . er

was negen van ons in de familie en er was gewoon mijn moeder . Mijn moeder

kon geen liefde geven aan ons allemaal en ik was weggelaten . Niet op doel , maar

Ik voelde dat ik was en ik voelde me ongewenst , maar ik wilde altijd met mijn moeder

want dat is waar een kind zou moeten zijn. Dus ik was altijd te willen zijn

met haar, maar toen ik met haar was ik niet geliefd . Dus ik wilde niet

bij haar toen ik was , en toen ik niet ik deed .

(Addison 3 .)

Soms hun families waren gewelddadig. Soms werden ze opgevoed door ouders die hen zwaar gestraft . Vaak waren ze fysiek of

emotioneel misbruikt. Het gemeenschappelijke thema was emotionele afwijzing.

IQ : Ik ben opgevoed tot ik zeven was in een zeer gewelddadige familie . Ja ,

waar wapens werden gebruikt en dat soort dingen ... [Mijn moeder] was

onverschillig echt , weet je, het was een zeer vluchtige relatie ... Ik

herinneren velen een tijd dat de politie werden opgeroepen om te stoppen met haar neem ik aan wat

je noemt nu binnenlandse geschillen en dergelijke , maar er was

een aantal zeer extreme geweld van tijd tot tijd , weet je . Er was een

mes gebruikt bij een gelegenheid , een vleesmes , een lade , de oude stalen

trays . Ze kraag mijn oude man met een dienblad en hij gooide kopjes over en

dat soort dingen , en dus wat ik zou doen als die situatie gebeurde , ik

gebruikt om twee of drie vluchtwegen hebben en gebruik een van hen veel .

(Questor , 4 , 5 .)

II : Dus een van de weinige keren met mijn moeder , en thuis met

mijn oudere broers , was ik meestal gestraft voor iets verkeerd doet . ik

werd nooit echt gegeven elke aanmoediging of een knuffel voor iets te doen

right ... We waren niet toegestaan om te spelen in de tuin , maar als hij ooit kwam

thuis van het werk en we waren (en , natuurlijk , dit is gewoon me aan het denken

dat ik ben het krijgen van het in de nek de hele tijd), maar ik vroeger

uitgekozen , alsof ik een of andere manier verantwoordelijk voor de voetbalwedstrijd in

de werf , en het zou mij dat zou worden - gestraft hoeft te gaan naar

vroeg slapen , strafmaatregel van vergelding . Vroeger angst inboezemen

angst in mij .

(Ibbott 2 , 3 .)

LJ : Ik werd misbruikt , seksueel en fysiek mishandeld , voortdurend . en ik

was in het ziekenhuis al elf jaar met polio en ze kwamen alleen om te zien
me eens .

(JACKSON 3 .)

ROUTES VAN AFWIJZING VAN GEWELD .

Terwijl ze beschreef hun geweld van binnenuit , wat ze zeiden
stelde twee verschillende manieren waarop hun rampzalige jeugd
kunnen worden gekoppeld. Een route terug zou traceren naar hun jeugd
de creatie van de behoeften , wensen en emoties zo sterk te
overweldigen ofwel eigenbelang of de morele beperkingen . de overige
zou hun kindertijd afwijzing zien als dwerggroei de groei van de
morele hoofdsteunen zelf .

Kijkend eerst aan de overweldigende eigenbelang en van de morele
hoofdsteunen , twee voorgestelde causale accounts ontstaan. Een is dat zij
gereageerd op de kindertijd afwijzing van woede , die uitdrukking in gevonden
geweld. De andere is dat hun kindertijd ervaring liet hen met
onvervulde emotionele behoeften , die zij probeerden te voldoen door hun peer
groep door het winnen van erkenning voor hun hardheid en geweld . Als aan
enige mate zij kunnen de menselijke reactie van te ontwikkelen
sympathie en respect , deze waren niet genoeg om hun slachtoffers te beschermen .
Dergelijke morele middelen als zij waren overweldigd door de kracht van
hun woede en hun honger naar erkenning.

Hun rekeningen ook gesuggereerd dat sommige reacties op de kindertijd
afwijzing remde de ontwikkeling van de morele beperkingen
zelf . Een reactie was een defensieve schelp , een deel van die groeien
was een bewuste vermijden van sympathie voor anderen. Een ander gevolg van

de manier waarop ze werden behandeld was dat sommige werden gemaakt schuldig te voelen .

Dit, samen met het algemene gebrek aan erkenning , niet hen te helpen

het ontwikkelen van een goed gevoel voor de eigen identiteit en de moeite waard .

. 2 overweldigend de morele AFSPRAKEN : woede en emotionele behoeften .

WOEDE .

De eenvoudigste causale route vanaf de kindertijd afwijzing van geweld gaat

door woede . Een boze vraag naar aandacht kan worden uitgedrukt in

kindertijd zelf .

IQ : En dus ik was niet aangetoond dat er geen genegenheid , en het eigenlijk moet me

omdat de eerste dag dat ik werd genomen naar school door mijn moeder , en vervolgens

na dat ze eigenlijk liet me naar huis en die komen . En ik kon niet

begrijpen waarom alle andere ouders kwamen en het plukken van hun

kinderen tot ... Waarom niet ik opgepikt ? .. Dat is wat ik moet hebben gevoeld ,

omdat ik vroeger , op een keer ik sloeg alle melkflessen om

trekken de aandacht van al die andere mensen .

(Questor 17.)

Een soortgelijke noodzaak soms later lag achter woede in het leven en vaak het

werd gegeneraliseerd dan die oorspronkelijk veroorzaakte .

Had je een soort van woede je uitstappen ? N.B : Um , ja . waarom

was je boos ? Um , want ik voelde me genegeerd , ik voelde me eenzaam .

(BLACK 12 .)

OA : Ik heb niet gebruikt schuldig te voelen , want ik had te veel haat in

me schuldig te voelen , tegen iedereen . Tegen iedereen ? Tegen iedereen .

Zelfs mensen die niets hebben gedaan ? Zelfs tegen mensen die dat niet hebben

niets gedaan om mij , ja . Waarom denk je dat dat was? Want ze hadden wat ik wilde en ik had het niet , dus ik was boos omdat het gevoel

ze hadden het .

(Addison 4 .)

Soms stelde hun rekeningen die , in hun gedachten , slachtoffers van

hun volwassen geweld stonden in voor degenen die hen had misbruikt .

LJ : Mijn effecten op andere mensen moet verschrikkelijk zijn geweest . vanuit mijn

misdaad . Ik ben in voor verkrachting . Ja. ... Ik heb veel gedaan van zware werk in

groepen . En de enige conclusie die ik kan komen op dat moment was dat

de man was mijn broer en de vrouw was mijn moeder . Want op die dag heb ik

reed richting mijn ouders , want ik was van plan om te doden

ze . En dat is waar mijn hoofd was . Ik was net van plan om ze wegvagen

allemaal samen. Ik dacht dat de boosheid misschien weg ga ...

Hebt u de zorg in die dagen over mensen kwetsen of niet echt ? Oh,

ja, ik gaf , ja . Vroeger was het mij heel erg pijn mezelf , toen ik een

leuke relatie te gaan en het op te splitsen . Ik zou mezelf des te vervloeken

want het was voor mij neer . Het was nooit tot aan mijn partner . het was

altijd neer op mij ... Dus je hebt gedaan zorg over andere mensen en hoe ze

voelde ? Natuurlijk wel , ja . Maar de woede soms gewoon overwon

dat ? Het deed , het deed , nam zij . Het duurde meer dan , weet je . het was

haar, ze zou gewoon me niet alleen . Je moeder ? Mijn moeder , ze

zou gewoon me niet alleen , een of andere manier . En ik kon niet, zoals

Ik zei, ik kon niet om mensen over praten . Ik droeg het de hele tijd .

Dit was seksueel misbruik ? Ja , seksueel misbruik . Zelfs toen ik niet thuis was ,

toen ik van huis ging en ging naar Londen om te leven , ze was er

soms . Ik zou kunnen zijn in een relatie en gaan door misschien een moeilijke patch , waarvan 9 keer van de 10 zou zijn tot aan mijn schuld . en

Het zou haar zijn, weet je . Ze zou zijn in je hoofd? Ze zou zijn in mijn hoofd .

Zeggen dat ik was verrot , moet ik mezelf van kant , en ik verdien het niet om

leven en al de rest en dat soort dingen ... Als je - je

hoeven niet om eventuele vragen te beantwoorden als je niet wilt , maar - als je

verkracht een persoon was die woede , of was het .. Het was woede . Het was woede .

Woede tegen je moeder of woede tegen ... ? Ja , woede tegen het

was mijn moeder en mijn broer , in mijn hoofd die nacht .

(JACKSON 10 , 11.)

Emotionele behoeften en ontbering .

De ethiek en politieke filosofie , is er een onderdeel van het denken

die zegt dat de menselijke behoeften prioriteit moet worden gegeven boven bevredigend

andere verlangens . De bewering is dat het maken van welgestelde mensen beter af

moet de tweede plaats aan het elimineren van de armoede van de mensen die niet over

onderdak , genoeg te eten , schoon drinkwater of basisgezondheidszorg . de

uitzicht heeft duidelijke aantrekkingskracht , maar vragen zijn gerezen over het

trek de lijn tussen de behoeften en andere dingen die mensen willen . de

punt wordt soms gemaakt dat er iets nodig is voor iets anders : een

huis nodig voor onder meer bescherming tegen

elementen en misschien tegen roofdieren . Een rekening van de behoeften die

moet prioriteit hebben, is ze zijn voor dingen, zoals eten en wat gezondheid

zorg , nodig gewoon in leven te blijven . Anderen willen een ruimere

rekening van menselijke behoeften , met inbegrip van de lijst items die , hoewel niet

essentieel om in leven te blijven , nodig zijn voor een goed of bloeiende leven .

Ook dit is een beroep , maar men kosten kan het vervagen van de lijn tussen wat mensen nodig hebben en wat ze willen .

Misschien dat sommige vervaging van de grens is een onvermijdelijk gevolg van

de meer inclusieve visie van de behoeften . Maar een jeugd van geweld en

afwijzing , zoals gezien door degenen die ervaren is hier belangrijk . als

we hebben gezien , de kleine groep geïnterviewd inbegrepen, zodat velen wier verleden

was als dit. Er was een kind in het gezin weggelaten omdat

er was niet genoeg liefde om te gaan rond, de enige jongen nooit geïnd

van school en die sloeg de melkflessen , de men nooit een gegeven

knuffel maar vaak onterecht de dupe , de ene voortdurend misbruikt fysiek

en seksueel en een keer in elf jaar in het ziekenhuis bezocht , degene die

had vluchtwegen uit de familie geweld met de stalen lade en de

vleesmes , en degene wiens moeder was in zijn hoofd te zeggen dat hij was

verrot en moeten zichzelf te doden . Het is moeilijk om de gedachte te voorkomen dat

er menselijke emotionele behoeften en lichamelijke. voor sommige

geïnterviewden , deze behoeften waren onvervulde , en dit heeft bijgedragen aan de

geweld. Ze gespeld aantal van de behoeften .

De noodzaak om een iemand zijn.

Vaak is de afwijzing en vernedering gegenereerd behoefte aan erkenning

en respect , een behoefte die gemakkelijk tot uitdrukking in geweld.

Soms is de woede zou combineren met deze .

QA : Met de woede , met hoe eigenwijs ik vroeger , met de bier -it

gekookt en gekookt en ik was net als een dier. mensen was

bang van mij en ik hield ervan. Ik vond het geweldig. Waarom heb je dat liefde ?

Ik weet het niet. Het was stom . Was het een soort van erkenning , respect?

Mensen gebruikt om te gaan "Hallo , Quinn " . Ik gebruikte om opgemerkt te worden. "Hallo , Quinn . "
"All

rechts , Quinn ? " " Geniet van een drankje , Quinn . "

(ASH 9.)

Hoewel mijn vraag liep samen erkenning en respect , ze zijn

nuttig onderscheid te maken . (Verwijzing naar SIMONE BATEMAN .) Misschien, van de

twee , erkenning is de meer fundamentele behoefte. Respect heeft te maken met het hebben van

uw status niet waard erkend. Maar QA drukt hier behoefte

iets meer basic dan die erkenning : wordt gevraagd om een

drinken , gewoon om opgemerkt te allen eerder dan wordt gekeken door als

als onbestaande . Een van de andere geïnterviewden begint begint

over de status en eer , maar , als ik vraag om respect , corrigeert hij me

en benadrukt erkenning dat er een somebody plaats van een

niemand :

IQ : Ik bedoel, ik , het was een grote bravoure ding , omdat ik veel gedaan

gewapende overvallen en ik nooit betrapt . Dus er was veel geld

over en snelle auto's en dat , en ik leefde , zou je kunnen zeggen ,

extreem in de fast lane , zeer snel . En ik voelde mensen zochten

naar me ... [SPREKEN VAN toen hij jonger was] En ik had veel

gewelddadige dingen gedaan voor mij, net als initiatie in Teddy Boys je bedoeld

moest hebben je benen gesneden en wat gebeurd met messen en spullen

als dat ... Maar voor mij was dat bravoure , dat was als eretekens ...

Je zegt dat je wilde respect . Is dat zo? Niet zoveel respect ,

maar ik wilde erkenning. Yeah . Ik denk dat ik voelde , over te denken , ik

voelde ik een niemand , maar het zijn met deze mensen , was ik een iemand .

(Questor 14, 17 .)

Anderen moesten worden centraal dingen in plaats van de

marges , en goed bekend te zijn of om een krachtige reputatie.

II : Ik ingebroken chemici vanaf jonge leeftijd (net geen 16) voor vele

jaar heel succesvol . Ik had er geen moeite mee van wie het gekocht , waar ik

nam het ... Dan , al die jaren geleden , ik voelde me goed voor te kunnen lopen

in iemands huis en de hele zaak zou draaien rond me - twee

shilling voor deze - en het gaf me een gevoel van identiteit . Ik was nogal

bekend in het gebied . Voelde je je een gevoel van identiteit nodig ?

Heb je het gevoel dat je leuk vond ? Nou , ik niet meen mij te herinneren een voorafgaande

dat.

(Ibbott 3 .)

OA : Ik ging vroeger naar nachtclubs op zoek naar gevechten, op zoek naar

mensen vechten om mijn reputatie te versterken . Ik ging op zoek naar

mensen die reputatie hadden , om hun reputatie van hen weg te nemen en

toevoegen aan de mijne ... Ik heb niet gebruikt om veel slaap te krijgen omdat ik op

snelheid, maar ik een reputatie opgebouwd voor mezelf . Als er een gevecht ,

kom me ... Was die reputatie plezierig ? Ja , was het noodzakelijk

voor mij op het moment om die reputatie te hebben. Waarom was het nodig ?

Omdat de life-style ik leidde . Ik kon het niet veroorloven om te krijgen

voeten getreden . Ik kon niet dat mensen denken dat ze konden de P nemen veroorloven

van mij, dus ik had deze reputatie en geen mensen deden . Mensen geprobeerd, maar

Ik gebruikte om hen te vernietigen , zodat mensen niet proberen op het einde, want

ze zou weten wat er zou gebeuren . Dus ik had een reputatie .

(Addison 9-10 .)

Soms is de noodzaak van respect overgaat in de noodzaak om iets te doen

dat de moeite waard vanuit het oogpunt van de persoon zelf en het belang van iets bij te dragen aan anderen :

Wat zou je graag over het leven van een arts ? N.B : Um , je kan helpen

mensen , word gerespecteerd. Je hebt een titel. Hallo , Dr zo en zo . u

belangrijk voelen en mensen je zien als , dat is een dokter , moet ik een aantal

helpen , laten we eens gaan kijken Dr XXXX . Heb je het gevoel dat opzicht is iets

je bent een beetje kort van ? Eh, ik , ja . Ik voel me alsof ik ben niet

belangrijk genoeg om iets of iemand , en ik ben gewoon , ik denk dat het

vanwege de manier waarop mijn ouders behandelde me als een kind . Wanneer een kind

opgroeit denken dat ze [niet toegestaan ? CHECK] te tellen voor

genoeg , hij , gaan ze rond op zoek naar aandacht , dat is wat ik deed, ik

aandacht - seeked ... Ik wil graag dokter worden , niet alleen vanwege die

maar omdat , eh, ik heb altijd het idee dat een verpleegkundige , chirurg ,

arts , werkzaam in hulpafdelingen . Het is het helpen van mensen . Het is een

goede sterke job is om te vertoeven Het is een goede beloning , je verschillende mensen te ontmoeten ,

je helpt mensen , en je voelt alsof je hebt bereikt

iets aan het eind van de dag wanneer u naar huis gaat . Je weet dat je hebt gedaan

een dag hard werken , en je iets hebt bereikt . Je hebt geholpen

iemand .

(ZWART 6 .)

De noodzaak om nodig en gewenst .

Evenals om opgemerkt te worden en te worden opgezocht aan , mensen nodig

bindingen met anderen . Soms is dit gewoon een kwestie van het hebben van een groep

dat geeft een gevoel van acceptatie en verbondenheid.

Ik was geïnteresseerd in wat je zei , als je niet naar de gevangenis hebben gezeten ,

je hebt nog nooit geleefd ... OA : Blacks gaan rond in groepen . De meeste blanke mannen niet. De meeste blanke mannen gaan met een of twee vrienden en dan niet vasthouden

samen , maar Zwarten doen . Als je in de gevangenis, is het anders. u

plakken aan elkaar . Je vindt mensen uit je omgeving, ga je naar de sportschool met

hen , zult u met hen te eten , zult u met hen communiceert . je bent

om hen heen de hele tijd . Er is een band er omdat je vandaan komt

hetzelfde gebied ... dus je goede vrienden geworden . Meer dan dat . je wordt

- Ik weet niet wat is het woord , maar je wordt soul - mates ... Ik ging nooit

in het leger . Ik wilde altijd . Maar ik veronderstel dat het is als dat ... Waarom

wilde je in het leger ? Ik ben altijd ... Ik wilde altijd

ga in het leger , want ik vond het iets wat ik wilde doen was . het

was een beroep. Het was meer dan dat. Het was alsof ik lid worden van een bende , ik

veronderstellen .

(Addison 5 .)

Maar acceptatie en verbondenheid zijn slechts een deel van het verhaal . Er is een

behoefte aan iets warmer : om nodig te zijn en wilde.

OA : Tegen de tijd dat ik mijn oudste - of mijn oudste - zal zijn 18 , dus

ze kunnen hun eigen beslissingen te nemen over wat ze willen doen . toen mijn

kinderen worden 18 , of ze me willen weten of niet , het is aan hen.

Het is hun beslissing . Ik zal niet te ver op hen. Ik zou het leuk vinden om ze te zien

maar ze zijn volwassenen. Hebben ze hield contact met u ? Geen enkel de

oudste . Maar het is dan aan hen. Het is hun leven. Als ze willen

kent mij , dat is prima. Ze moeten hun leven op hun manier te leven en

Ik wil niet te zijn - als ze zeggen : " Oh wow ! We moeten gaan kijken

Papa " . Ik wil dat niet . Ik wil dat ze zeggen: "Ik wil gaan en zie mijn

dad " . Maar je zou het erg leuk als ze dat deden ? Ja, dat zou ik . Ja ,

Ik zou doen .

(Addison 10 .)

Als je terugkijkt op de persoon die je was , wat denk je

Mist u had ? I.Q : Ik denk dat het grootste ding moest worden . moeten

voor mezelf, niet voor wat ik was . Ik bedoel, ik ging in de kroeg , als ik een

veel geld , mensen me nodig . Of ik dacht dat ze deed, maar het was niet

het geval .

(Questor 14 .)

3 . Stunten De groei van sympathie.

Kinderjaren afwijzing gecreëerd behoeften die de morele overweldigd

beperkingen . Maar de interviews suggereerde ook dat het had belemmerde de

groei van de morele beperkingen zelf . De groei van de sympathie

gekoppeld aan open te staan voor anderen : reageert op hen en hoe

ze voelen . Dit kan worden belemmerd wanneer de reactie op afwijzing is

defensieve shell tegen gekwetst door anderen . En , zelfs wanneer de

vermogen tot sympathie heeft ontwikkeld , wrok over afwijzing en

andere pijn kan leiden tot sympathie voor anderen met opzet

uitgeschakeld .

De angst voor afwijzing en de muur .

Een aantal van de geïnterviewden gemeld hebben achter defensief bleef

belemmeringen als gevolg van een angst om afgewezen of uitgelachen .

Ik ben u zeer dankbaar voor het vertellen van mij zo'n veel over jezelf,

over hoe je denkt over dingen . Q.A : Nou , dat kan ik niet jaren geleden , en

Dat zou ik niet jaren geleden . Ik was in een shell en ik zou niet uit die komen

shell ... Waarom denk je dat je verbleef in een schelp ? Nou ik dacht dat , indien

Ik kom uit en bloeide , iedereen zou hebben gedacht ik was

grappig of iets .

(ASH 9-10 .)

Het is een preventieve strategie die emotionele nabijheid weigert ,

afwijzing van andere mensen voordat ze je weer kunnen kwetsen met meer

afwijzing.

I.Q : Belachelijk komt het ook. Ik heb veel van spot toen ik

was een kind ... Hoe is het mogelijk , ik weet het gewoon niet , maar ik veranderde van een

zeer rustig rustig persoon , bang persoon , een zeer

gewelddadig persoon . Je weet . Is dat gekoppeld aan spot, werd ontsnappen

van spot ? Ja, ja , ' want , toen ik , nadat ik aangevallen , ik

dacht dat is het ... Dus het was eigenlijk een soort van verdediging ? Oh, ja .

Na zijn belachelijk gemaakt , te zijn niet erg geliefd ? Dat klopt,

bouw je deze defensieve muur en je niet laat niemand of niets

in.

(Questor 15 , 16 .)

Een andere versie van dezelfde strategie is om dingen ter doen

vervreemden mensen, zodat nabijheid wordt niet aangeboden .

II : Ik heb niet echt mezelf toegestaan als gevolg van een laag gevoel van eigenwaarde te

waardeer ik hou van iets of laten iets te dicht bij mij in

Bij het pijn doet ... Er is altijd een risico op afstoting , wordt gekwetst . was

dat iets dat je beïnvloed ? Hebt u vermijden relaties of

niet ? Ik heb 25-26 jaar in de relaties die zijn erg ondiep . ik heb

verplaatst het hele land , bekende mensen voor een paar maanden . Een of twee van

de - als ze hebben zich ontwikkeld tot meer van een emotionele band , ik heb meestal iets gezegd of gedaan iets absurd en draaide ze van me weg

als een prelude op - goed , niet te dichtbij komen omdat ik niet wil zijn

gekwetst door u en ik verwacht dat tegen de dom .

(Ibbott 4 , 5 .)

Soms wordt een uitzondering zou worden gemaakt aan de algemene strategie van

pre - emptive afwijzing. Een aanbod van openheid , een zeldzame scheur in de

verdedigingsmuur begon in de jeugd , kan leiden tot een positieve reactie

gaan tegen de pessimistische verwachtingen .

Was het een lange tijd voordat je mensen die je geen enkele emotionele maken gevonden

obligaties met ? I.Q : Eh, oh , ja, ja , ik bedoel ik had veel

relaties. Op een gegeven moment had ik drie relaties tegelijk gaan .

Maar ik denk dat dat was om mezelf te bewijzen , bewijzen dat je weet dat ik was

wilde of nodig om een diploma .... Ik ben een jonge dame , een dame bekend,

vier jaar hier en ze bewoog nu op ... maar we getroffen relaties en

Ik was nogal verrast dat je weet , hoe open ik bij haar was . Ik bedoel , ik heb

nooit over mijn delicten met iedereen, vooral patiënten en dat ,

en als ik voelde de relatie was aan de slag , ik ging zitten en

zei kijk, dit is wat ik heb gedaan , weet je, ik ben niet opgaaf van

excuses , dit is hoe het is. En ik wachtte op een afwijzing , en ik

niet krijgen . In feite, zelfs beter het gebonden en het punt dat

eigenlijk kregen we verloofd afgelopen kerst. Je weet wel , dat is hoe sterk het

was . En ik was heel , denk ik, allemaal door mijn leven dat je weet dat ik had

veel afwijzing thuis , en dingen , en ik verwachtte afwijzing ,

dus wat ik vroeger deed , in plaats van mensen af te wijzen , zou ik krijgen in eerste.

(Questor 9.)

Empathie, sympathie, ZETTEN OP oogkleppen .

Het beeld van de klassieke Cleckley psychopaat , die heeft een defect

dat maakt hem niet in staat om het leven te ervaren als een normaal mens doet ,

misschien een aangeboren onvermogen tot empathie met de slachtoffers van zijn voorstellen

geweld. Dit beeld past niet de rekening van de geïnterviewden gaf

van zichzelf. Zij zien zichzelf als het hebben van de capaciteit voor te stellen

de gevoelens van hun slachtoffers . Woede of een algemene wrok tegen

anderen leidde hen in twee richtingen . Of ze op de hoogte waren

van kwetsen van andere mensen, maar gewoon niet schelen . Of ze vermeden

hun eigen mogelijke nood aan het lijden dat ze veroorzaakt door

bewust onleesbaar bewustzijn.

De respons van het kennen , maar niet de zorg werd openlijk beschreven .

Je zegt dat je je filosofie hebt veranderd sinds hier komen . I.Q :

Ja, ja . Wat was het vroeger? Ik was een ex - biker en ik zal eerlijk zijn

met u, heb ik niets om iets of iemand te geven . Wat ik wilde

Ik werd , zode de gevolgen.

(Questor 4 .)

Heeft u een verklaring waarom heb je in de positie van

het plegen van welke overtreding het was? F.Ł : Ik veronderstel dat het iets was

doen toen ik jonger was , weet je . Wat voor soort dingen toen je

jonger? Toen ik een kind was , werd ik geraakt over en dat soort dingen . hoe

kwam dat omdat je te doen wat het was je deed ? Heeft het u

boos , of wat ? Ja , het maakte me boos veel en ik haatte mensen veel .

Als je mensen gehaat , je waarschijnlijk wel dingen tegen hen soms .

Wist je hoe ze zich voelden over, of niet ? Ik veronderstel dat ik op dat moment niet echt schelen . Je wist maar niet schelen. Is dat zo? Yeah .

(Loram 6 .)

QA : Ik heb altijd eerlijk en echt geloofde niet uit wat ik zei was

rechts - die was het niet . Het was niet . Ik was net groot hoofd, niet

luisteren , niet schelen . Zode hem . Als je zei " Sod u " , dat deed je niet

zorg over - als je pijn sommige mensen, heb je niet schelen? Nee, dat deed ik niet

schelen. Waarom denk je dat dat was? Ik weet het niet. Omdat je zorg doen

nu , denk je niet ? Ik denk dat het gewoon eigenwijs . Ik was niet gehinderd . maar

je wist dat ze werden gekwetst , maar je hebt niet schelen . Was dat zo?

Dat klopt, ja. Ik heb niet de zorg over mensen . Vroeger was ik net geboren

free - dat is hoe ik me voelde . Niemand kon me pijn . niemand kon

touch me . Maar ik kwam erachter dat ik verkeerd was .

(ASH 6 .)

Soms , door wrok, info over de pijn schaduwrijke in

streven naar het.

Wanneer je aan het doen waren wat het ook was je hebt , wist je dat het verkeerd was

op het moment dat of heb je niet schelen ? O.A : Geen zorgen , niet

schelen. Dacht je dat je iemand anders pijn? Niet schelen. Nee, niet

helemaal . Maar je wist dat je ze pijn deden en niet schelen ? ik

wist dat ik was , ik wist dat ik , ja . En je niet schelen om welke reden?

Ze hadden me pijn gedaan , dus ik probeerde ze te kwetsen . Goed, ik begrijp

dat . Behalve mijn pijn was extreem. Ik ging tot het uiterste.

(Addison 4 .)

De andere reactie was om " op oogkleppen " . Een deel van de geïnterviewden

had deze techniek ontwikkeld om lege uit gruwelijke jeugdherinneringen en ook worden toegepast wanneer ze andere mensen pijn doet .

LF : Er is veel van mijn jeugd heb ik gewist uit , bedoel ik jaren en

jaar . Um , en als ik wil niet onder ogen te zien iets , over een periode

van de tijd , maar het gebeurde niet . Ik denk dat we dat allemaal tot op zekere hoogte .

Ik denk dat ik heb vertrouwd op het te veel , of heb je ook goed in, of ... en ik

veronderstel dat het een soort van , krijg ik tot een podium waar ik net op oogkleppen ,

weet je, ik gewoon op oogkleppen ... Ik waad net binnen Wanneer u op

oogkleppen , het is niet na te denken over de resultaten , of ... Ja . Als je

dat doet , weet je nog dat het eerder al een ramp , of niet ?

Nee , ik denk niet dat over. Het is altijd achteraf als ik leun achterover

objectief en ik kijk terug .

(FARLEIGH , 7-8 .)

Een manier van het niet bedroefd door het bewustzijn van de pijn ze veroorzaakt was

om weg te kijken .

II : Ik zou mezelf niet toe om tien jaar geleden schelen. Dus als je zegt

zou je jezelf niet toe , je wist hoe het was alsof ze

gekwetst . Je wist wat ze voelde alsof , maar je zou jezelf niet laten

moeite over dat ? Yeah . Ik zou het ontslaan . Ik zou mezelf bezighouden met

iets anders. Waarom denk je dat je dat je uit de buurt van te focussen op gedraaid

dat ? Nou , vanwege de pijn , of een soort pijn . Het is als een

emotionele dwang .

(Ibbott 4 .)

4 . RESPECT , PENDELEN en identiteit.

Een andere belangrijke morele terughoudendheid is respect voor andere mensen . respect is

erkenning van de status van iemand of staand .

Een soort van respect is achting : tot Seamus Heaney respecteren als dichter is

te hoge dunk van wat hij schrijft . Een andere versie is de erkenning van

iemands status al een hiërarchie . Er zijn conventionele uitingen van

respect voor iemands status , respect gekoppeld aan beleefdheid en

soms eerbied . Soldaten drukken de eerbied versie van

respecteren wanneer ze salueren een officier . Maar achting en eerbied zijn niet

de centrale morele beperkingen . Moraal roept vaak voor respect voor

mensen die we noch achting , noch uit te stellen om .

Er zijn displays van meer gedwongen en meer gelijke versies van respect

dan groetend een officier . Wij erkennen iemand als een persoon die we kennen door

groet hen in de straat . Met mensen die we niet weten , is er

conventionele beleefdheid om erkenning van hun status signaleren als

de mens . Dan beseffen we dat mensen hebben juridische of morele

rechten , en dit tonen door hen niet aanvallen , niet stelen van hen ,

respect voor hun privacy , ze niet vernederen en ga zo maar door .

Zowel het conventioneel beleefd versie en respect voor de rechten

drukken een diepere en meer algemene houding . Kinderen , gebruikt om de werking

ze zichzelf bulk groot in hun eigen leven , kunnen plotseling worden getroffen

met een levendig besef dat alle andere mensen , net zo veel als

zelf , hebben een leven te leiden en een oogpunt van hun eigen land. de

leven en het oogpunt van een andere persoon is zo wanhopig belangrijk

om ze als de mijne zijn voor mij . De gedachte is een platitude , maar de dageraad

kan een belangrijk onderdeel van het opgroeien zijn. De mening van andere mensen

leiden door dit bewustzijn kan " de diepe houding van respect ' worden genoemd .

Op belangrijke momenten kan hetzelfde bewustzijn terugkeert bij levendigheid aan volwassenen .

In de Putney Debatten in 1647 , kolonel Rainsborough beroep op het

als argument voor de overheid alleen met instemming : "Want echt ik denk dat

de armste hij die in Engeland heeft een leven om te leven als de grootste

hij ; en dus echt , meneer, ik denk dat het duidelijk , dat een iegelijk, die

staat onder een regering te leven moet eerst door zijn eigen toestemming te zetten

zich onder deze regering " . En George Orwell , waarin hij zijn

weerzin tegen een executie te hebben ervaren , sprak van " de

onuitsprekelijke onjuistheid van het snijden van een leven kort als het is in volle

tide " . Hij sprak de horror van het lopen , samen met de veroordeelde

man : " Hij en we waren een groep mannen samen lopen , zien, horen ,

gevoel , het begrijpen van de zelfde wereld ; en in twee minuten , met een

plotselinge breuk, een van ons zou zijn gegaan - een geest minder , een wereld minder . "

Sommige soorten RESPECT en andere niet.

Enkele van de geïnterviewden respect voor mensen van hoge duidelijk had

positie in de sociale hiërarchie . (" Omdat het de Queen's eigendom ...

Het is de manier waarop ik ben opgevoed , respect voor de Kroon , respecteren het uniform ,

respect voor de koninklijke familie . ") Sommigen van hen het respect had duidelijk

uitgedrukt in conventionele beleefdheid . ("Ik zweer niet voor

vrouwtjes ... Ik ben respectvol. Ik bedoel, ik geloof in het openen van deuren , en als een

vrouw is een wandeling langs , of het nu een patiënt of een lid van het personeel , ik laat

ze gaan door de deur eerst. ") En de bekendheid van respect voor

rechten in hun morele landschap is opgevallen . (" Mensen met een handicap

hebben rechten net als normale mensen ... Ik heb respect voor hun fundamentele rechten . ")

Af en toe de gegeven voor het respecteren van de rechten van redenen toonde enkele

bewust te maken van het perspectief van degenen wier rechten werden geschonden . maar voor het grootste deel eerbiediging van was meer een - regel beheerst materie

dan iets geworteld in het bewustzijn van het perspectief van anderen .

Wat was vooral ontbrak was de diepe houding van respect . voor George

Orwell , executie betekende een wereld minder en dit maakte voor de

onuitsprekelijke onjuistheid van het afsnijden van een leven in volle tij. het ontbreken

een van deze behoort tot de vlakheid van sommige geïnterviewden

gedachten over de doodstraf . ("Ik kijk maar naar Engeland . Er is geen

ruimten is er gevangenen overal , er is criminelen opknoping rond

en dat , en ik denk dat als er executie toen, meer

uitvoering dan normaal , ik denk dat het zou een meer rustigere wereld om te leven

inch ")

RESPECT EN PENDELEN : " WEINIG ECHTE AAN ZICHZELF " .

Afwijzing, evenals het maken van mensen hongerig naar erkenning en respect

voor zichzelf, kunnen ze ook voorkomen dat de ontwikkeling van de erkenning

van het innerlijke leven van anderen die gronden de diepe houding van

respect. Het is aannemelijk om dit allemaal te zien als zijnde wederzijds gebaseerd .

Mensen leren het diepe houding van respect voor anderen deels door

zelf worden nageleefd.

De andere vormen respect verschillen. Soldaten die niet waren

getoond respect in de kindertijd waarschijnlijk leren om officieren te groeten. maar

kan worden vermoed dat deze vorm van "respect " niet lang overleven

het verwijderen van de dwang die zij oplegt . De diepe houding van

respect , de innerlijke erkenning van de morele status van andere mensen ,

kan enige wederkerigheid voor de opkomst ervan nodig .

In een vroeg stadium van het project , Dr Gwen Adshead en ik waren het bespreken van de mensen die we stonden te interviewen . Velen zijn patiënten van

hare. Na te denken over hun vermogen om anderen schade te berokkenen , vroeg ik me af of

andere mensen en hun innerlijk leven leek volledig echt voor hen. ze

dacht dat mijn twijfel wel gelijk , maar voegt toe: " Soms zijn ze niet

zeer reëel voor zichzelf " . Op het moment was ik geïntrigeerd door dit commentaar ,

hoewel niet zeker wat het betekende . Een mogelijk verband tussen een

verminderd gevoel van de werkelijkheid van andere mensen en een verminderd gevoel

van de eigen werkelijkheid zou kunnen komen van de gevolgen van de kindertijd

afwijzing. "Andere mensen niet schijnen volledig reëel voor hen" is een manier van

het beschrijven van de afwezigheid van innerlijke erkenning van de morele status van

anderen . En " niet erg reëel voor zichzelf " zou een andere beschrijven

consequentie van afwijzing en vernedering : het uitblijven van een ontwikkeling

robuuste gevoel van de eigen identiteit en de moeite waard - de storing die ontstaat

zoals honger naar erkenning en respect .

Een van de in ' Factor One " van de Hare Psychopathie beschreven kenmerken

Checklist is een " grandioze gevoel van eigenwaarde " . Sommige van die I

interviewde leek mensen die misschien willen de indruk geven

zijnde echt iemand . Maar achter deze vaak leek de noodzaak om

wel een iemand in plaats van echte overtuiging . En de uitdrukking " niet erg

echt voor zichzelf " vaak leek te resoneren met dingen die ze zei .

Heeft u een foto van het soort leven dat je wilt leiden wanneer u

uit zijn ? LF : Ik heb nog nooit een normale comfortabele tijd toen hadden

alles is solide overal om me heen , de mensen zijn solide overal om me heen ,

alleen dat , gewoon simpel , weet je wat ik bedoel? Wat bedoel je met " mensen

zijn solide " ? Eh, mijn familie laat me naar beneden , alle let me down ... Dit is gewoon een voorbeeld . Ik kwam uit en ik had niet had niets voor ongeveer 6 maanden , dan

mijn moeder , het is een vreemde relatie , 'want aan het eind van de dag is ze

" Mamma" , weetje wat ik bedoel , al dat soort dingen , en dan zegt ze ,

" Je echt goed gedaan , ik denk dat je verdient een traktatie " en dan ... ik

kan niet, ik weet dat het niet klopt. Zodat het net verwart , verwarrend . en

dat is hoe het is geweest voor een lange tijd .

(FARLEIGH 11.)

Hier , massief is om iemand die kan worden ingeroepen , vertrouwd zijn. de

contrast is met iemand teleurstelt . Misschien voelt deze soort

stevigheid in anderen is deel van wat nodig is om een gevoel ontwikkelen

van je eigen stevigheid en de moeite waard .

5 . Morele identiteit en Agentschap .

De meeste mensen , zonder gebruik van de uitdrukking , hebben een gevoel van hun eigen morele

identiteit. Ze hebben een beeld van het soort persoon ze zijn en wat

ruw idee van het soort persoon zou ze willen zijn. Voor het

geluk of de zeer zelfvoldane , de twee overlappen heel veel. voor

de meesten van ons er lacunes zijn.

Niet elk deel van het beeld van wat we zijn als draagt bij aan de

gevoel van morele identiteit . Onze leeftijd, lengte , hobby's en voorkeuren voor

sommige soorten voedsel , sport of muziek zijn meestal minder relevant dan onze

beeld van hoe ver we zijn eerlijk , gul , gezagsgetrouwe , moedig , vriendelijk ,

een goede ouder of een goede vriend . Hetzelfde geldt voor het soort persoon

we zouden willen zijn . Een aantal van onze ideeën over dat (een goede

zwemmer of met een minder chaotisch bureau) kan weinig morele import hebben .

Alleen hoop of wensen geladen met waarden die deel uitmaken van de gevoel van morele identiteit .

Een van de belangrijkste morele beperkingen zijn deze waarde opgeladen foto's van

hoe we zijn of wat we zouden willen zijn , en vooral ideeën van de

soort persoon we niet willen zijn . "Ik ben niet het soort persoon die

steekpenningen . " Ik wil niet iemand die zijn verraadt geworden

vrienden. "

Identiteit en bureau zijn gekoppeld . Wat we zijn en wat we doen , zijn

verweven . We zijn allemaal gevormd door een heleboel dingen buiten onze controle . de

soort persoon die we zijn , hangt in de hand liggende manieren op genen , opvoeding , de

cultuur waarin we opgroeien , en op vele andere factoren die we onszelf niet

kiezen . Maar veel mensen ook een rol spelen in het vormgeven van de soort persoon

ze zijn . Deze zelf -creatie neemt verschillende vormen aan .

Er is de voornamelijk onbewuste soort van zelf -creatie Aristoteles

opgemerkt. We vrij kiezen om te handelen op een bepaalde manier , en deze acties

vormen onze gewoonten . Op hun beurt , deze gewoonten verharden tot ons karakter .

Dan zijn er keuzes die , meestal onbedoeld , vorm te geven wat we

zijn als door beïnvloeding van de persoonlijke wereld waarin we leven . deze

omvatten keuzes van wie te trouwen of leven met , keuzes van welke baan aan

te doen en waar te wonen , keuzes te maken over het krijgen van kinderen , en nog veel meer

triviale degenen. En er zijn bewuste projecten van zelf -creatie . veel

mensen gaan in deze aan de minor einde : gericht op wat ze veranderen

zijn als door het verliezen van gewicht , door de keuze van hun kleding of kapsel , door

assertiviteitstraining cursussen of door het lezen van boeken over hoe te maken

vrienden en mensen beïnvloeden . Een paar hebben meer grote bewust

zelf creatieve projecten die hen kunnen aangaan jaren of een heel leven :

het vinden van zelfinzicht door psychoanalyse , steeds een Olympische

atleet , om een goede christen of moslim .

De waarde opgeladen foto's van onszelf , zoals we zijn en zoals we misschien

worden , hebben duidelijke invloed op de grotere en meer bewust

versies van eigen creatie. Maar ze kunnen ook de andere beïnvloeden

soorten , door het stimuleren of ontmoedigen van bepaalde acties die kunnen vormgeven

gewoonten en vervolgens karakter , of door het begeleiden van onze keuzes van vrienden ,

partners of banen. Om dergelijke foto's aan ontbreekt is te hebben verminderd bevoegdheden van

zelf-creatie en dus naar een centraal onderdeel van het zijn verantwoordelijk voor verliezen

het eigen leven .

DE ZIN VAN ZELF : diepe en ondiepe .

Hoe ver de mannen die ik geïnterviewd heb deze foto's ? sommige reacties

op de vragen over het soort persoon zou ze willen zijn waren

ondiep , zich alleen met welke vaardigheden , talenten of werk dat ze zouden

zoals .

Denkt u dat de meeste mensen hebben een idee van het soort persoon die ze willen

zijn ? Een van de dingen .. mensen zeggen is: "Ik wil niet het soort zijn

van iemand die dat soort dingen doet . Z.C : In sommige gevallen , ik soort van

als getalenteerde mensen . Ik geef je een voorbeeld - Bruce Forsyth . zo'n

groot entertainer , weet je. Hij kan piano spelen . Hij kan alles doen

allerlei dingen . Ik wou dat ik was zoals hij, getalenteerd.

(Crinos 6.)

Heeft u een foto van het soort persoon je bent? Heeft u een

idee van een van beide wat je net als of wat je zou willen zijn?

J.F : Ik weet wat ik zou willen zijn als . Wat zou je willen zijn zoals ? Ik wil graag een gangster te zijn . Zou je? Waarom zou je willen zijn

een gangster ? Ik zou doen . Ik zou willen zijn als de Kray twins . zou

u ? Wat is er goed aan? I dunno . Ik zou doen . De Kray twins

-Back in de jaren zestig , de Kray twins gebruikt om alle overval te stoppen en

verkrachtingen op straat en hield de straten schoon .. ze heb leren kennen

beroemdheden en dat soort dingen . En zij gaven het geld aan een goed doel .

(FALL 4 .)

Heeft u een foto van het soort persoon je zou willen zijn ? C.Q : Ik zou

graag om mezelf te zijn , eh , het werken in restaurants , de trein naar een chef-kok ,

dat is wat ik zou willen zijn .. Of werken voor de Raad of weg

werken , doe het opgraven van wegverhardingen .. dat soort dingen, weet je .

(QUIGLEY 4 .)

De oppervlakkigheid is niet alleen een kwestie van het vermelden alleen taken in plaats

dan de meer - waarde gebracht persoonlijke kenmerken . Ook de

indruk van niet veel dacht achter zelfs de keuze van de ideale baan .

De keuzes van het zijn een chef-kok of het doen van wegwerkzaamheden lijken niet te denken

ideeën over persoonlijke geschiktheid voor een bepaald soort werk of het soort

tevredenheid moet worden gezocht in een baan. Ze zijn meer als artikelen bij getrokken

willekeurig uit een zemelen bad . Of, zoals Penney Lewis heeft voorgesteld om mij ,

ze kunnen een wens voor elke vorm van gewone baan in plaats weerspiegelen een

leven van detentie in een tbs-kliniek . Hoe dan ook , het ontbreken van een

verwijzing naar een foto waarde opgeladen suggereert een zwak gevoel van morele

identiteit.

Daarentegen , sommige gaf antwoorden suggereren denken over persoonlijke

ontwikkeling in verschillende stadia van het leven . Een man was zich bewust van te zijn opgesloten voor vele jaren en dus hebben niet gehad de

kans zich te ontwikkelen .

Zou u bereid zijn om iets te zeggen over het soort persoon u

denk je was , en het soort persoon je denkt dat je nu bent,

wat gemeen en wat is er anders ? Q.L : Nou tot mijn index

misdrijf dat mij gebracht in Broadmoor in 1971 , woonde ik in principe een

niveau . Ik heb gewerkt , hard gewerkt , kreeg een loonzakje , ontmoet mijn vrienden bij de

eind van de week , dronken , ging naar pubs en clubs en soms

beperkten in sommige kleine diefstal , weet je . Andere tijden, af en toe

kwam in een gevecht , dronken gevecht, en die cyclus herhaalde zich elke

week , jarenlang , totdat ik op een dag iemand vermoord en geliquideerd in

Broadmoor ... Ik ben helemaal verveeld met institutionele leven ... Op een dag is het

hetzelfde als de volgende , weet je, ik ben het zat met alles wat de

instellingen te bieden hebben. Ik heb ervaringen van het leven buiten , je

weet te ontwikkelen . Ik heb niet echt een kans gegeven , weet je ... ik ben

54 jaar oud , weet je, als ik nu naar buiten , ik zou de neiging om

associëren met mensen die in hun midden twintig die leeftijd was

Ik werd opgesloten oorspronkelijk , weet je ... Maar het probleem is dat mensen

in hun midden twintig nu zijn niet hetzelfde als de mensen in hun

midden twintig toen ik in mijn midden twintig . Ik vind het moeilijk om door te gaan

met mijn eigen leeftijdsgroep. Weet je waarom je het moeilijk vinden om te gaan met

je eigen leeftijdsgroep ? Nou ik heb gemist op de ontwikkeling

stadia , weet je, ik bedoel mensen hebben , in de tijd dat ik heb afgesloten

up , hebben mensen deze ervaringen hadden , hebben ze getrouwd hebben , ze hebben

kinderen had , hebben ze hypotheken hadden , ze hebben vakantie in het buitenland gehad , auto's , geld op de bank , vakantie . Ik heb nog nooit een van deze dingen had ,

weet je .

(LAWLER , 5-6 .)

Een ander had gedachten over morele ontwikkeling in verschillende stadia van

leven en zijn commentaar stelde ook een vrij diep gevoel van morele

identiteit die hij erkend als zijnde in conflict met zijn daden uit het verleden .

BF : Het is niet een idee van goed en kwaad als een klein kind te krijgen. veel

van die inhoudt dat , soort van , " niet schreeuwen tegen je ouders " , of " je wil

eet al dat eten voordat je naar bed gaat "of iets , dat is een

basiskennis , maar ... als je door de adolescentie , het heeft geen zin . u

kreeg om nieuwe regels te leren ... Als je zegt dat het leren van nieuwe regels , wordt het leren

regels , of is het denken over wat je echt zorgen over , of wat is

het? ... Ik denk dat , eh, zie je hoe je wilt passen inch Je leert

zich aangepast te gedragen , om die positie te behouden . En , eh zo denk ik,

eh, de onstuimigheid van de jeugd moet wijken aanvankelijk geven en misschien

dan is het een kwestie van leren regels ... maar die stopt steeds

bewust heel vroeg . Ik denk dat je wordt wat je wilt worden.

Dit ben ik , dit is hoe ik willen gedragen , dit is wat mijn geweten

vertelt mij, want dit is waar ik wil zijn . Heeft u een foto van hebben

hoe je wilt worden ? Eh, ja, ik heb ideeën over hoe ik zou willen zijn in

samenleving en hoe ik zou willen reageren op mensen . Ik bedoel mijn eigen zelf . er,

Ik denk soms mijn , eh . Ik ben onwetend geweest, ik reageerde niet met een

geweten als het ware , en wil ik echt ongedaan te maken die en zich gedragen als

een meer eh, humane persoon helemaal rond echt .

(FELLOWS 4-5 .)

Sommige gaven antwoorden waarvan de diepte of oppervlakkigheid was moeilijk te classificeren .

Heeft u een foto van het soort persoon dat je denkt dat je bent? indien

je jezelf beschrijven ... wat zou je zeggen over jezelf?

NB : Um , het soort persoon die denkt over andere mensen voor

mezelf ... Ik maak me zorgen over andere mensen voordat ik me zorgen over mezelf ... Dus

dat de neiging om me te verlaten als een , zeer down omdat ik de neiging om alle , alle gebruiken ,

wat ik in me heb om te geven aan andere mensen en laat mij met

niets . Eh, eh , ik ben heel goed gesproken toen ik wil zijn . Um , gebruik ik oog

contact wanneer iemand tot mij sprak . Um , en ik ben een aangename , heldere

jongere . Ja. Ik heb een kant van me waar ik hou niet van pestkoppen . ik

hou niet van pesten mensen . Ik hou niet van gezag. Want een

zekere hoogte , eh, ik hou niet van om onder druk worden gezet ... Ik hou van een heleboel

ruimte om me heen .

(ZWART 5 .)

Deze rekening , terwijl op basis van de kenmerken - waarde opgeladen

morele identiteit relevant , heeft ook hints van oppervlakkigheid . er is

zo'n sterk gevoel van een zelfopofferende altruïst die ene

vraagt zich af hoeveel kritische gedachte of zelfbewustzijn is gegaan in de

rekening . En er is een zweem van willekeur in de opmerkingen over oog

contact , die aangenaam en wordt goed gesproken . Er is een gevoel van

morele identiteit uitgedrukt , maar op een manier die twijfels over verhoogt

of het zelfbewustzijn is acuut .

Stunten De groei van morele identiteit : schuld en zelfhaat .

Zijn er aanwijzingen over de reden waarom het gevoel van morele identiteit soms

niet te ontwikkelen of alleen ontwikkelt in onvolgroeide vorm ? Waar komt een ondiepe gevoel van eigenwaarde vandaan? Een deel van het interview antwoorden geciteerd

eerder hebben gesuggereerd dat getoond respect is belangrijk voor

het ontwikkelen van een robuust gevoel van je eigen identiteit . Maar wordt geweigerd

respect is niet het enige dat tegenhoudt de groei van een gevoel van

zelf . Gedaan om schuldig te voelen , te slecht gevoel over jezelf , kan ook

een rol spelen. Een aantal van de geïnterviewden had veel schuldgevoel .

Wat voor soort dingen zijn die u aan schuldig over voelen ? I.I : Well

- Neem me niet kwalijk - masturberen en dingen ... Dus je bent gemaakt schuldig te voelen

over dat ? Heel veel zelfs . Maar je zegt dat je duwde de schuld van

je geest echt ? Nou, ja . Ik negeerde het. Ik gekozen om het te negeren

want het maakte me slecht .

(Ibbott 3 .)

Soms werden ze gemaakt om zelfs schuldig te voelen voor de dingen andere mensen

aan hen gedaan had .

LJ : Ik haatte mezelf voor de dingen die mijn moeder mij heeft aangedaan en stap

broer . Eh, ik dacht dat het allemaal mijn schuld . Dat ik degene was die

deed het verkeerd.

(JACKSON 8 .)

Gedaan om jezelf te haten is nauwelijks een goede basis voor het ontwikkelen van een

gevoel van morele identiteit . Deze belasting van schuld in de kindertijd werpt ook een

vraag over het "gebrek aan schuld " in de Cleckley beeld van de

psychopaat en dat deel uitmaakt van " Factor One" in de Hare Psychopathie

Checklist. Betekent dit overbelasting van schuld in de kindertijd deaden de

capaciteit om schuld later in het leven voelen ? Of is de volwassen afwezigheid van schuld

meer schijn dan werkelijkheid ?

Sommigen vonden slecht genoeg over zichzelf te beschuldigd zelfs voor dingen voelen
ze hebben niet gedaan .

Heb je ooit schuldig voelen over dingen ? N.B : ik doe, de hele tijd , ja .

Echt waar? Um , als iemand schopt in een kastje in de eetzaal of iemand
schrijft iets op de muren , en omdat niemand weet ... wie het gedaan ,

Ik zit daar schuldig voelen, denken ik hoop dat ze niet allemaal op zoek naar
me .

(ZWART 4 .)

Wanneer de geïnterviewden spraken over de vraag of zij zich schuldig toen had gevoeld ,
of kort na , hadden zij hun misdaden begaan , gaven ze zeer
verschillende accounts . Sommigen deden passen bij de Cleckley - Hare beeld van het hebben
dat zonder schuldgevoel . Maar ze gaven verschillende rekeningen van waarom dit had
zo geweest . Sommigen vonden dat ze hadden misdaden zonder slachtoffers en zo
voelde niet slecht over wat ze hadden gedaan , maar zei dat ze zou hebben
voelde me schuldig als ze iemand had geschaad .

Heb je ooit het gevoel schuldig over iets wat je gedaan hebt? N.B : Um ,
(aarzeling) Nee, nee . Je zou niet schuldig over voelen ? Dat doe je niet
slecht gevoel over iets hebben gedaan ? Ik denk dat ik voel me niet schuldig
want ik heb nog nooit een misdaad waar ik letterlijk heb getroffen begaan
iemand , zoals ik heb ingebroken in iemands huis en gestolen alles ...

Want ik heb gestolen van een kantoorgebouw ... het is niet echt van invloed
iedereen , het is gewoon omdat het niet behoort tot iedereen , het is niet
benadrukt iedereen uit . Maar zou je schelen als je gewonnen van een persoon
je wist ? Zou je je slecht voelt over dat ? Ik zou doen , ja .

(BLACK 4-5 .)

Anderen zeiden dat elke neiging schuldig te voelen was overweldigd door de haat die ze voelde .

Sommige mensen denken dat de manier waarop je geweten zegt iets is verkeerd is dat je slecht over te voelen . Maar andere mensen denken dat wat je schuldig voelen over het is gewoon een kwestie van de manier waarop je opgevoed .

O.A : Ja, ik denk dat het waar is op beide accounts . Het hangt af van de manier je was opgevoed , wat je opgevoed voor ... hm ... het is ... ja ... ik bedoel , heb ik niet gebruikt om schuldig te voelen , want ik had te veel haat in me schuldig te voelen , tegen iedereen .

(Addison 4 .)

Anderen zeiden voelde veel schuldgevoel later , als gevolg van het moeten confronteren de pijn die ze had veroorzaakt , maar zei dat op het moment dat ze had vermeden schuld door het aantrekken van oogkleppen .

Als ze je niet helemaal gelukkig hebben gemaakt , hebben ze andere mensen pijn en ze hebben je pijn gedaan , hebben ze je pijn deels omdat ze andere gekwetst hebt mensen en je slecht over voelen ? O.A : Eh, ja, maar dan is het net , zijn , ik bedoel als je niet weet dat de persoon , d' weet je wat ik bedoel, je rechtvaardigen , goed je niet rechtvaardigen , hoef je ze niet zien . Ja. ik bedoel Ik herinner me toen ik pijn deze vent in de gevangenis en zijn moeder was in de rechtbank en ze huilde en dat , ik voelde , het was verschrikkelijk , ik voelde me zo verschrikkelijk. ' Want ze was er en ik kon zien wat ze deed . maar um , het is net een knipperlicht , vind je ook niet kijken . Wanneer je je gehandeld werden , zoals je zegt , oogkleppen op , je niet na te denken over de gevolgen voor mensen ? ... Maar kinderen als ze eerst beginnen dat te doen , alsof ze breken in ergens en nick ... ze moeten het gezicht van de mensen , 'want er is niets erger dan beschaamd tot aan iemands

gezicht . Ik bedoel, niemand houdt van dat , het is verschrikkelijk . Het is dus niet alleen

sorry voor de persoon die gewond is gevoel , het is ook het gevoel van de schaamte

over hoe ... Ja, Ja , maar alles, de hele zaak , is ze te zien,

het zien van de uitdrukking op hun gezichten .

(Addison 13 .)

Sommigen zeiden dat ze op het moment dat zich schuldig had gevoeld , maar had niet toegegeven.

QA : In het geval van daadwerkelijk moord , zou ik het eens met hangende . ik

hebben tweemaal twee mensen gedood , en ik vergeet het nooit . Ik heb niet alleen

pijn doen . Ik heb pijn hun familie mentaal, niet fysiek maar mentaal ,

en hun dierbaren . Ik nam ze weg van hun familie en

alles ...

Heeft u zich schuldig over wat je in die dagen voelde ? Ik voel me schuldig

over alles wat ik heb gedaan . In die dagen , je schuldig gevoeld, maar

zou het niet toegeven ? Ja. Ik voelde me schuldig , maar ik zou het niet toegeven . ik was

te trots . Ik gebruikte om weg te gaan en te zeggen : "Ik was niet in orde zijn " naar

mezelf, maar ik zou niet zeggen dat het aan iemand anders , maar nu wel . "

(ASH 5-6 .)

Iemand die sterke gevoelens van schuld uitgedrukt nu , maar zei dat hij niet had

voelde me schuldig op het moment, was onverstaanbaar over waarom dit zo was geweest .

Voor zijn rekening , op het moment dat hij lijkt vol conflict te zijn geweest .

Hoewel hij ontkende schuldig te hebben gevoeld , zei hij dat hij had geprobeerd om te stoppen en

walgde met zichzelf voelde .

LJ : Dan is de daad van verkrachting gewelddadig genoeg , om Christus 'wil , je

weten . Maar zelfs toen ik aan het doen was dat ik stopte plotseling , weet je .

Wat het , wat ik hier doe ? Wat gebeurt er? Je weet . Ik heb geprobeerd om

maken zwakke excuses aan de vrouw , stomme belachelijke excuses aan de

vrouw , weet je . En ik reed ze naar een van de snelweg stations

en geparkeerd in de voorkant van een politie- auto, die er zaterdag was . En dat was

het. Ik was gewoon helemaal walgde van mezelf . Ik heb geen donder krijgen

ding van te maken . Ik bedoel , seksueel , deed het niets voor mij

alle . God zij dank . Maar nu , denk ik bij mezelf , nou weet je, ik bedoel, ik heb

geprobeerd , alles wat ik kan hopen is dat de vrouw , ook de vrouw is niet

nog steeds piekeren over. Hopelijk , ze kunnen aan de slag met zijn

haar leven en zet het opzij . Uiteraard zal ze nooit vergeten. ik

zou het niet vergeten ...

Ik bedoel, het is niet alleen haar getroffen , het wordt beïnvloed haar familie en

vrienden en dat soort dingen . Deze dingen , denk je niet over . ik

niet toch over hen denken . Ik doe nu . Ik bedoel , er was momenten waarop

Ik wou dat ik kon haar weer te zien . Ja. Je weet wel , een soort van , niet verontschuldigen

precies , maar een soort van ... Voel je je een beetje schuldig over ? Ja, ik doe

schuldig over voelen . Wist je schuldig over te voelen in die dagen ? u

zeggen dat je een ander mens bent . Nu je een persoon die zich schuldig voelt bent

over dat soort dingen . Had je je schuldig voelt in die dagen over

dingen die je deed , of niet bijzonder ? Niet echt . Waarom denkt u dat

was ? Ik weet het niet. Ik heb geen idee .

(JACKSON 11-12 .)

Zelf-creatie en het gebrek aan controle: DE GOEDE KANT EN de slechte kant .

Sommige geïnterviewden vonden waren heel erg verantwoordelijk voor hun eigen leven geweest :

IQ : Ik heb altijd gebruikt om het gevoel dat er drie categorieën van mensen in gevangenis en deze inrichtingen . Er is de trieste , de gekke en de slechte .

Ik heb ook het gevoel dat je past in een van deze , en ik altijd klasse mezelf

als de slechte. Niet de trieste , niet de gekke , maar het slechte ... Ik bedoel, ik koos voor de

route die ik heb genomen , alleen mezelf. Ik bedoel , niemand zegt tegen mij , Joe , je hebt

gekregen om dit te doen , je moet doen " . Ik heb het gekozen , dus echt mijn

lot als zodanig is uitgevoerd door mij vastgelegd. Het was niet eerder aangelegd en

zei: " Goed, je lot is om te eindigen in Broadmoor in 30 jaar '

tijd . Ik bedoel ik eigenlijk liep de weg die mij hier geleid . Je weet wel,

niemand duwde me langs .

(Questor 13-14 .)

Maar meldingen van heel vaak niet het gevoel in controle waren vaker :

JF : soms in mijn situatie, ik weet dat ik verkeerd doe , zelfs als ik

weet dat ik het goed doen . Hoewel ik verkeerd doe , ik kan het niet tegenhouden .

(VALLEN 6 .)

Je wist dat andere mensen haten wat het ook was . Dat deed je niet

willen weten. Wat pijn was je jezelf beschermen tegen ?

II : Het gebeurt bijna bij mij overal - Ik krijg een psychologisch

indruk , kan gevoelens niet juist is, en het is gewoon een hulpeloosheid .

Het is een gevoel dat zou leiden tot een soort van intensiteit , dat het

zou me over de rand duwen . Ik zou niet in staat zijn het hoofd te bieden .

(Ibbott 4 .)

LF : Ik weet het niet , ik bedoel ik weet dat is wat ik moet , ik bedoel ik

mezelf niet per se doen, omdat ik altijd de neiging om heel veel te maken

fouten en verknoeien ... Ik weet echt wanneer ik terugkijk op deze

dingen , ik weet wat ik verkeerd gedaan was , maar in de aanloop naar het ik niet altijd de juiste , ik denk niet zelfs , dus ik denk niet dat er

besluitvorming daar.

En je voelt je niet weet wat je wilt? Nee, ik weet wat ik wil ,

en ik , het lijkt gewoon niet , eh , een soort werkelijkheid . Lijkt niet zo

maar, weet je, ik kan er te komen.

Het klinkt alsof je wilt vriendelijk te zijn , maar soms een beetje

problemen in het controleren ... Ja , ik weet het, dit is de zaak , ik weet wat

Ik zou willen zijn , en weet hoe ik moet handelen , maar het lijkt allemaal om gewoon te gaan

uit het raam .

Het lijkt mij dat je een heel sterk gevoel van recht hebt en

verkeerd , maar het is niet altijd gemakkelijk toe te passen in je leven . maar zetten

het in de praktijk , ben ik niet , ik weet wat wat is , maar ik doe het niet , ik kan niet,

Ik ben niet erg geschikt voor het in praktijk brengen .

(FARLEIGH 3 , 5-6 , 9 , 14-15 .)

Actie in de haast of in een moment van woede kan het leven van iemand anders te nemen

en ondergang van hun eigen land.

BF : Het gebeurt allemaal in afleveringen , maar ... alhoewel we hier voor een

reden over het geheel , er zijn niet zo dat ... de reden nam het grootste deel van

ons leven. Soort , exemplaren van een minuut , vijf minuten , hooguit of

iets wat ons hier te brengen .

(Fellows 11.)

Men meldde het nemen van beslissingen haastig en dan handelen ze veel

later maar zonder verder nadenken tussenliggende :

Zijn deze zeer overhaaste beslissingen genomen in een sfeer van sterke emotie ? L.F :

Ja , ook , overhaaste beslissingen dat soort dagen of weken overspannen , d' weet je wat ik bedoel? Het is een overhaaste beslissing , maar soms moet je

verwachten dat een overhaaste beslissing te zijn zoals , twee seconden later ga je uit en

doe het , denk je , dan ga je en doe het . Maar ik kan een overhaaste maken

beslissing over iets en dan soort van doe het twee weken later . D' u

weet je wat ik bedoel ? Zonder , en niet , tussen het denken over ...

(FARLEIGH 7-8 .)

Sommige van deze rekeningen van het niet volledig onder controle hebben resonantie

buiten deze groep . " Ik weet dat ik verkeerd doe , zelfs als ik weet dat ik moet

worden goed doen "is een ervaring de meeste van ons hebben . Maar , samen genomen,

de reacties suggereren een veel sterker gevoel dan normaal dat ze

versloeg in een interne strijd : " het lijkt allemaal om gewoon uit te gaan van de

venster " , " lijkt niet alsof ik er kan komen " , een hulpeloosheid die

" Zou me over de rand duwen . Ik zou niet in staat zijn het hoofd te bieden . " Een sterke

vorm van dit gevoel van interne strijd en nederlaag werd gevonden in een

geïnterviewde die zichzelf als het hebben van een goede en een slechte kant zag , en zaag

verlies van controle als de overwinning van de slechte kant over de goede .

FV : Mijn hoofd - zijn helemaal in de war en ik kreeg als een goede kant van mij

die praat tegen je, en dan is er een slechte kant van mij , en wanneer

die kant uit komt Ik voel me niet schuldig of iets .. Dus , hoewel

er zijn twee kanten van je , welke kant is de echte u ? Degene die je bent

praten nu . Is dat zo? Dus als nu kon je je slechte kant dumpen

zou u dat doen ? Yeah . Omdat ik als een dier . Zoals ik zeg , ik

vallen mensen voor niets . En als je aan de andere kant , wil je

dump je goede kant? Het is als een gevecht . Toen ik gestoken dit meisje ,

ongeveer tien minuten voordat ik het deed, had ik deze grote strijd in mijn hoofd de gang en op - Doe het niet , doe het, doe het, doe het en zo.

Het ging op en op en op het einde deed ik het . Maar nadat ik het deed, was het

als een buzz , weet je wat ik bedoel . " Hij regelde de teef uit" en dat soort dingen

als dat. Ik zie - je naargelang de teef uit en het gaf je een buzz . dus

de slechte kant houdt van dat soort buzz . Ja - de slechte kant wil

- geweld krijgen van mijn eigen achtertuin en dat soort dingen . De goede kant -it

wil gewoon een normaal leven . Maar het is net een grote veldslag . soms heb ik

verliezen , want ik had een gevecht een paar weken geleden en de slechte kant was

overname van een veel en de verpleegkundigen zag het ook. Maar je hoeft niet te denken

de slechte kant is de echte jij dan? Waar komt het vandaan? Ik niet

weten .

(VERNON 5 .)

Het is allemaal erg ver van succesvolle zelf-creatie . Maar sommige

geïnterviewden werden met behulp van psychiatrische hulp in een poging om te veranderen

zelf . Maar de inspanning zou kunnen lijken een strijd tegen immense kansen .

AO : Ik weet dat sommige van de gedachten die ik heb verkeerd zijn en een aantal van de

dingen die ik over heb nagedacht en gezegd en willen doen zijn verkeerd . Dus ik weet

dat denk ik verkeerd , of verkeerd doet . Wat maakt u zich schuldig voelen

over, of wat maakt je weet dat het verkeerd is ? Ik denk niet dat het

ik voel me zo schuldig . Het is meer dat - ik het niet kan uit mijn gedachten , voor

starters. Aanvankelijk , uiteraard , het zal niet weg te gaan en ik kan niet slapen . het

maakt me onrustig . Het speelt gewoon in mijn gedachten ... Het baart me zorgen dat

uiteindelijk zal ik deze dingen te doen en ik wil niet bijzonder

wil -moeilijk voor mij eigenlijk te zeggen "nee " om hen ... Bent u met

gedachten over het aanvallen van mensen of over seks ... Het gaat om ontvoering , verkrachting en geweld , en moord , dus ... Als je kon kiezen niet te hebben

deze gedachten ... Ik ben op zoek naar . Dat is een keuze die ik heb al

gemaakt , dat ik probeer ... Het moet heel moeilijk om dat te doen . Yeah . bij

het moment dat ik probeer chemische castratie , om te werken aan de fantasieën ,

die weg zal doen met het geslacht en de moord / geweld fantasieën die

Ik heb, maar ik niet hebben van een veel succes mee .

(ORTS , 4-5 .)

Soms is een van de geïnterviewden , ondanks de innerlijke conflict en

ondanks de vreselijke dingen gedaan in het verleden , had een verzekerd

gevoel van morele identiteit : een geloof dat hun goede kant was de echte

persoon , zelfs als het in het verleden was afgesloten .

Je zegt wat je zou willen . U wilt kijken na uw moeder .

U zegt ook dat u zou willen hebben - je zegt , kamer voor mij. O.A :

Ja, ruimte voor mij. Wat betekent het ? O.A : (lacht) Wat doet het

bedoel je? Geloof het of niet, ik ben een erg gevoelig en liefdevol persoon . ik

zou graag in staat zijn om iemand te laten zien dat ik kan liefhebben en verzorgen

hen .. Denk je dat je hebt altijd een zeer gevoelige en liefdevolle geweest

persoon ? Het is er altijd geweest . Ik heb net ontkend . Ik heb alleen verborgen

het, zullen we maar zeggen .

(Addison 9 .)

HOOFDSTUK VIER : TWEE interpretatieproblemen .

Er zijn twee duidelijke methodologische problemen voor deze interviews .

Hoe ver kan de antwoorden op mijn vragen worden aanvaard als waarheidsgetrouw ?

En , als de interpretaties van wat ze zeiden gelijk , hoe ver is

de psychologie beschreven speciaal voor mensen met hun diagnose ?

(Er is ook een derde , zeer diep vraag . Wat is het geschikte

houding ten opzichte van deze groep mensen ? Hun tragische leven roepen sympathie in

een interviewer . Ze hebben ook gedaan verschrikkelijke dingen aan andere mensen

die niet aanwezig zijn om sympathie te winnen . Is er een emotioneel evenwicht ,

tussen de hardheid van het negeren van het verdriet van de eigen patiënten '

geruïneerde levens en een sentimentele sympathie die blanks komen wat ze deden

aan anderen ? Deze kwesties zullen terzijde hier worden uitgesteld tot het deel van de

boeken op " psychiatrische stoornis , controle en verantwoordelijkheid " .)

DE VRAAG VAN betrouwbaarheid.

Centraal in de Cleckley rekening van de psychopaat is het beeld van

iemand commandotoren en manipulatief . Deze reputatie blijft tot de in

de bredere categorie van de antisociale persoonlijkheidsstoornis . Dus er is

een duidelijk methodologisch probleem . Kunnen dingen gezegd in de interviews

te vertrouwen?

Normaal gesproken , een beslissing over de vraag of vertrouwen op wat iemand zegt is gebaseerd op

twee bronnen . Er is een intuïtieve " lezen " van de persoon , op basis van

zoals aanwijzingen zoals oogcontact , houding , intonatie en de keuze van

woorden . En er onafhankelijk bewijs kunnen zijn , ofwel over wat er

gezegd of over betrouwbaarheid van de persoon.

In deze interviews was een intuïtieve lezing niet altijd gemakkelijk. in een

of twee gevallen , voelde ik dat de koude , onpersoonlijke reacties gaven geen aanwijzing

hun betrouwbaarheid . (Tenzij dit soort reactie is zelf een

teken van onbetrouwbaarheid , maar dat lijkt niet voor de hand.)

Af en toe , de stem van de therapeut leek hoorbaar. zittend

tegenover een zeer stoere man , kan het onthutsend om hem te horen praten over nu die meer in contact met zijn emoties.

Voor het grootste deel ben ik intuïtieve indrukken . Maar eerst was er

een barrière om door te breken . Aangekomen bij Broadmoor , krijg ik een grote bos

sleutels naar de gesloten omtrek poort en de gesloten deuren aan de

weg naar de afdelingen . Aangekomen bij de afdeling , ga ik naar de verpleegkundige. hij noemt

de patiënt en neemt ons zowel naar de verhoorkamer . Dus ik verschijnen , zoals

een cipier met een rinkelende sleutelbos aan mijn riem , in het gezelschap van

iemand waarschijnlijk gezien als een autoriteit figuur. En , vergeleken met vele

de mensen die ik interview , kan de manier waarop ik praat verschillen weerspiegelen

sociale klasse en het onderwijs . Het kan hen te herinneren aan het verleden ontmoetingen met

onderwijzers , advocaten of rechters .

Ik probeer te breken de barrière , maar het kost tijd . Voor het vertrek ,

de verpleegkundige kan flink hebben gezegd , " Robinson , je hebt een onderzoek gekregen

interview . Krijgen in het interview kamer. "Toen we hebben zitten

samen , zeg ik , " Mijn naam is Jonathan Glover . Ik ben blij te worden genoemd

Jonathan . Wil je dat ik je bellen Mr Robinson of Frederick ? '

Meestal is het antwoord in de trant van " Fred zal doen " . de

geïnterviewde heeft gezien een kort verslag van het project , en heeft ingestemd

naar het interview . Maar ik verduidelijken dat ik ben niet gekomen om te vragen over

zijn misdrijf . Ik ben gekomen om te vragen over hoe hij denkt over

enkele vragen over goed en kwaad , en dat hij niet hoeft te

antwoord wat hij niet wil . Maar tot nu toe weinig gedaan

de hoogte van de barrière beperken .

Meestal krijgt de sfeer beter tijdens het uur of zo van de

interview . Ik vragen stellen op een manier ik hoop is zowel vriendelijk en respectvol. Tot op zekere hoogte lijken ze warm te worden gevraagd hoe

ze denken en hoe ze dingen zien . Met een beetje geluk , kan het overkomen dat

Ik weet echt vinden wat ze zeggen erg interessant .

Ik zette mijn bandrecorder op de tafel tussen ons en zet hem aan.

Want ik ben onhandig met zulke dingen , na een minuut of twee ik zeggen ,

"Laten we maar eens kijken of dit ding werkt " . Soms heb ik niets vinden

heeft opgenomen en dan knoeien over met het nogal incompetently . de

man tegenover kijkt me met toenemende ongeloof en dan zegt

zoiets als: "Nee, nee , niet zo. Hier laat ik het doen " , en dan

regelt het zoals het zou moeten zijn . Dit is niet iets wat ik zou kunnen (of zouden

willen) zetten met opzet , maar het gebeurt helpt dingen langs .

Als de barrière breekt een beetje , ik beginnen met een aantal intuïtieve krijgen

beeld van de persoon . Af en toe denk ik dat ik hoor een valse noot in

wat er gezegd wordt . Wanneer dit gebeurt is het meestal gekoppeld aan een gevoel dat

de spreker meent , ten onrechte , dat het maken van een goede indruk

op mij kan helpen zijn vooruitgang in de richting vrijlating . (Als hij dat doet geloven dat dit ,

Het is ondanks uitleg dat ik niet verbonden aan de Broadmoor

personeel .)

Maar , voor het grootste deel , het oogcontact , de uitdrukkingen van het gezicht en

de toon van de stem suggereren echtheid . Een paar van die zie ik zijn vrij

moeilijk te krijgen op elke lengte te spreken . Ze lijken erg onduidelijke of

anders onthutst door de nieuwheid of schijnbare eigenaardigheid van de vragen .

Of er de mogelijkheid dat de vloeiendheid van spraak kan hebben

verschraalde in hun jaren van opsluiting . Niets van dit alles lijkt een

bedrieglijke pose . Maar dit zijn een minderheid . De meeste anderen komen lijken heel blij deze persoonlijke vragen over worden gesteld hun

waarden en hun standpunt , en graag wordt geluisterd . ze

vaak over-ride wat ik heb gezegd over het gesprek niet wordt ongeveer

hun misdrijf . Soms lijken ze te popelen om het te bespreken , zoals

als er iets wat ze graag willen uiten . En vaak , zonder

gevraagd , zijn er dingen die ze lijken te willen uitstorten over

hun kindertijd . Met dit alles , wat er soms over een

gedreven kwaliteit in wat ze zeggen . Het lijkt emotioneel geladen in plaats

dan berekend .

Natuurlijk zou het briljant bedrieglijke Cleckley psychopaat komen

dit over als . Een gevaar van te beïnvloed door de Cleckley

beeld van de manipulatieve con - man is dat het onmogelijk kan maken

voor alles wat ooit gelden als bewijs tegen haar . borden normaal

suggereert een leugenaar worden genomen om de oneerlijkheid te bevestigen , en tekenen

normaal suggereert eerlijkheid worden genomen om de briljant bevestigen

manipulatief handelen . Als de Cleckley beeld kwetsbaar zijn

mogelijk bewijs tegen haar er moet een mogelijkheid van een te zijn

interpretatie die soms neemt signalen suggereren echtheid bij

nominale waarde . We hebben allemaal geconfronteerd met het probleem van andere geesten de hele tijd . wij

alle "lezen" met elkaar , en we weten nooit met absolute zekerheid dat

een bepaalde waarde klopt . Maar een groot deel van de tijd die we hebben

redelijk goede reden voor onze interpretaties , ondanks het feit dat we

soms oneens over wanneer dit zo is.

Met de mensen die ik interviewde , is er soms onafhankelijke

bewijs. Een duidelijk Cleckley type gedachte is over de accounts die ze gaven van hun wanhopige jeugd . Maken van verhalen van dit soort

een voor de hand liggende truc om sympathie te krijgen en om zichzelf te verontschuldigen zou kunnen zijn

van de verantwoordelijkheid voor de verschrikkelijke misdaden die ze hebben begaan .

Psychiaters werken in Broadmoor - geen groep veel zou verdenken van

liegen om hun patiënten te verbeteren reputatie - hebben gezegd in een gesprek

dat de overgrote meerderheid van hun patiënten , 80 % of meer , hebben dergelijke

jeugd .

Natuurlijk, voor veel van wat ze zeggen dat er geen beschikbare controle uit met

onafhankelijk bewijs . Intuïtief , de dingen gezegd leek vooral - maar

niet altijd oprecht. Dergelijke interpretaties zijn tot op zekere hoogte

subjectief, en die het lezen van de geciteerde antwoorden soms misschien liever

hun eigen interpretaties aan die hier gesuggereerd .

Hoe ver is het PSYCHOLOGIE die onderscheidend van antisociaal BLIJKT

Persoonlijkheidsstoornis ?

Om deze mannen te interviewen was om te proberen om de delen van hun innerlijke glimp

woont te maken met hun waarden , moraal en geweten. Maar zelfs als

de foto is ongeveer gelijk, hoe verschillend zijn hun innerlijke leven

van die van veel andere mensen ? Er is gesuggereerd dat hen

onder een commando moraal , ideeën van primitieve eerlijkheid , woede ,

oppervlakkigheid van moreel denken en een ondiepe opvatting van zichzelf ,

een tendens op oogkleppen te zetten , en de bouw van een verdedigingsmuur

tegen gekwetst of vernederd door andere mensen . Maar elk van deze is

gevonden in veel die geen psychiatrische diagnose . Wat zijn de

implicaties hiervan voor het nut van de rekening die naar voren komt

uit de interviews ? En wat zijn de gevolgen voor de bruikbaarheid van de categorie van de antisociale persoonlijkheidsstoornis ?

Neem een van de zichtbare kenmerken van hun innerlijk leven . Een van hen

zei: " Je bouwt deze defensieve muur " . Maar is dit werkelijk een

kenmerkende reactie van deze groep mensen ? Ted Hughes schreef

iets in een brief aan zijn zoon Nicolaas , die een echo vinden in

veel mensen . Hij noemde een gevoel van ontoereikendheid mensen hebben , het gevoel

van het niet hebben van een sterk genoeg ego om te gaan met innerlijke stormen. hij verbond

dit om het kwetsbare kind nog in elk van ons :

" Iedereen probeert te beschermen deze kwetsbare twee drie vier vijf zes

zeven acht jaar oud binnen, en om vaardigheden en bekwaamheden te verwerven voor

omgaan met de situaties die dreigen te overweldigen . dus

iedereen ontwikkelt een wapenrusting secundaire zelf , de kunstmatig

geconstrueerd wezen dat zich bezighoudt met de buitenwereld , en het verpletteren van de

omstandigheden . En als we mensen ontmoeten dit is wat we meestal ontmoeten ...

Dat is hoe het is in bijna iedereen . En dat beestje is

zitten , achter het pantser , turend door de spleten ... Elke

enkele persoon is kwetsbaar voor onverwachte nederlaag in dit binnenste

emotionele zelf . Op elk moment , achter de meest efficiënte schijnbare volwassene

buitenkant, de hele wereld van de kindertijd van de persoon wordt zorgvuldig

gehouden als een glas water bolling boven de rand. " (verwijzing naar

CHRISTOPHER REID (red.) : BRIEVEN VAN Ted Hughes , Londen, 2007 , pagina's

513-514 .)

Natuurlijk is het getuigenis van Ted Hughes niet garanderen dat

iedereen ontwikkelt een verdedigingsmuur : " een hele wapenrusting van secundaire

zelf " . Maar als velen van ons reageren op zijn denken met een aantal erkenning , suggereert dit dat de muur kan worden beschermen

veel meer mensen dan de diagnose van antisociale persoonlijkheidsstoornis

stoornis . Om erachter te komen hoeveel andere mensen , en om uit te vinden of de

wand komt vaker of sterker is bij mensen met de diagnose , zou

moet subtiele empirisch onderzoek .

Als deze interviews een controlegroep had gehad , zou het zijn geweest

mogelijk , althans in principe , om te zien of de muur was

vaker voor bij de Broadmoor groep . Maar in de praktijk zou

nog steeds moeilijke kwesties van interpretatie geweest . verschillende controle-

groepen kunnen verschillende graden van contrast veroorzaken of zelfs

verschil tussen wat contrast en geen. En hoe ver is het

onzichtbaarheid van een verdedigingsmuur een teken dat er geen bestaat ? Of hoe ver

geeft het wel de vaardigheid waarmee de wand zelf kan

defensief verborgen ? Sommige van deze mogelijkheden brengen een

voordeel van het denken van mensen met psychiatrische stoornissen op het gebied van

posities op verschillende dimensies van de menselijke psychologie .

De " afmetingen " benadering is een alternatief voor een sterke psychiatrische

traditie beïnvloed door de mening van een medische aandoening als alles of niets :

iets wat een persoon , hetzij wel of niet heeft. Op deze aanpak ,

bipolaire stoornis , of antisociale persoonlijkheidsstoornis , is een categorie

zoals bof , met een duidelijk ja of nee antwoord op de vraag of

het is aanwezig . Degenen met deze aandoeningen bewonen aparte dozen, snijden

off van variaties gevonden in "normale " mensen . Het alternatief uitzicht is

gevonden onder vele psychologen . De nadruk op " afmetingen

persoonlijkheid " suggereert dat we allemaal ergens langs een continuüm tussen , bijvoorbeeld emotionele stabiliteit en manisch - depressiviteit . Zo gezien ,

er enige willekeur in de cut - off punt voor psychiatrische

stoornis .

Deze rekening van het contrast heeft aangescherpt door sommige vereenvoudiging :

het weglaten van de kwalificaties die de twee benaderingen dichter bij te brengen

elkaar . Maar er zijn echt verschillende klemtonen worden gelegd . supporters van

het " continuüm " view kan de anderen beschuldigen van het maken van psychiatrische

patiënten meer vreemd dan ze zouden moeten zijn . Voorstanders van de "alles of

none "view kan zeggen dat het " continuüm " benadering underplays de

onderscheidend vermogen van psychiatrische stoornissen . Net als in andere delen van

geneeskunde , kan elke benadering passen sommige aandoeningen beter dan anderen .

Vragen over de categorie van de antisociale persoonlijkheidsstoornis

blijven . Is het een nuttig categorie ? Als het is, hoe ver is het "aparte" als

tegen een kwestie van verder langs verschillende soorten continuüm ?

De bouw van de muur is slechts een van de functies die

kan onderscheidend zijn. Maar , het nemen van deze functie , als Ted Hughes had gelijk ,

de muur is verre van uniek voor mensen met deze diagnose .

Maar zelfs als hij gelijk heeft , kunnen zij ofwel bouwen dergelijke wand meer

vaak , of het bouwen van een hoger en versterkte een .

Deze dingen die wij nog niet weten laat de kwestie van de status

van de categorie van de antisociale persoonlijkheidsstoornis in de lucht . de

interviews suggereren dat er psychologische clusters dat velen van hen

gemeen hebben , meer nog dan bij mensen in het algemeen. Als dit waar

van de meeste mensen met de diagnose , dit suggereert dat de categorie doet

hebben iets aan. Maar ik kwam ook weg met de indruk dat

teveel denken in termen van diagnose , met alle associaties

afgeleid van de Cleckley traditie , kunt krijgen in de manier van praten te

hen te horen wat ze zeggen , en van hen te zien als de mensen die ze

zijn .

HOOFDSTUK VIJF : SHAKESPEARE KOMT TOT BROADMOOR .

HAMLET : Ik heb gehoord dat schuldig wezens in een toneelstuk

Hebben door de zeer sluwe van de scène

Al zo maakt de ziel ...

... Het spel is het ding

Waarin ik het geweten van de koning zult vangen .

De taak van het helpen van deze groep mensen bevatten of ontgroeien hun

gewelddadige impulsen is complex . De meeste van hen zijn mensen van wie de morele en

emotionele groei werd belemmerd . Voor een groot deel , op hun eigen

rekening , dit was omdat ze kinderen die niet geliefd waren waren . veel

van de schade kan niet ongedaan worden gemaakt . Niets zal terug te brengen de mensen

een aantal van hen gedood. Niets zal verwijderen van de fysieke of psychische

littekens op die ze aangevallen of verkracht . En zelf ,

niets zal veeg uit de kindertijd afwijzing , gevolgd door de maatschappij

afwijzing na hun misdaad , of het feit dat zo'n groot deel van hun leven

is besteed in opsluiting .

1 . Hervatting en verzorgende morele en emotionele groei .

Maar misschien sommige van de onvolgroeide psychologische groei kan nieuw leven worden ingeblazen .

De onvolgroeide onderdelen omvatten empathie en sympathie . Ook onvolgroeide is de

mogelijkheid om van oppervlakkigheid diepte . Er moet voor

Bijvoorbeeld, om het respect voor andere mensen die voorbij gaat ontwikkelen laten vrouwen door de deur eerste en andere conventionele

beleefdheid . Ze helpen met het opbouwen van een coherent moreel moeten ook

identiteit , zal een gevoel van wie ze zijn , dat hen in staat stellen om te leven

buiten in de wereld en in vrede met zichzelf te leven .

Sommige van dit soort groei zijn gekoppeld , als het goed dat " andere is

mensen niet erg reëel voor hen " is verbonden met " niet erg

echt voor zichzelf " . Misschien empathie , sympathie en respect voor anderen

worden geleerd in de kindertijd door wederkerigheid : door zelf

wordt getoond empathie , sympathie en respect . En worden deze zelfde getoond

dingen kunnen belangrijk zijn voor de groei van een gevoel van morele identiteit

en de daarmee samenhangende overgang van oppervlakkigheid om iets dieper .

Deze vermoedens suggereren twee benaderingen . Een daarvan is om te proberen te trekken uit

diepere emotionele reacties , die ook kan stimuleren ze weerspiegelen

zichzelf en hun waarden . Dit betekent diep in het bereiken

hen , en er kan een vraag over of de resultaten rechtvaardigen

de mogelijke nood betrokken . De tweede , gerelateerd strategie is

helpen hen te betrekken bij relaties die trekken uit wederzijdse emotionele

reacties en wederzijds respect . Beide benaderingen kunnen trekken op iets

heel anders dan de onthechting vaak passend gedacht

professionals.

" Proberen om te doen herleven " , in plaats van gewoon " doen herleven " , hun emotionele

groei , omdat succes kan heel beperkt . Misschien capaciteiten kan

atrofie wanneer gevoelige perioden voor hun ontwikkeling hebben gemist ?

Jonge kinderen kunnen pick-up een nieuwe taal met een perfect accent dat

volwassenen vinden het meestal erg moeilijk of onmogelijk . Zijn er soortgelijke sleutel vroege periodes voor onderdelen van emotionele en morele ontwikkeling? zo ja

misschien is het te laat goed dat alles verloren is gegaan te maken. Maar, net

als volwassenen nog steeds talen kunnen leren , kunnen emotionele late starters doen

een inhaalslag . De enige manier om erachter te komen is om te proberen .

2 . HET " BETAALD VRIENDEN " PROBLEEM .

Wat is betrokken bij het helpen van hen te betrekken bij relaties? een vraag

gaat over mensen die deze hulp zou geven . Wie zou het zijn? hoe zou

ze zetten over, en in welke context ? Zouden ze "betaalde Vrienden" ,

met de manipulatie en het gebrek aan echtheid dien ? deze twijfel

niet marginaal is , en misschien geen strategie of techniek volledig zal

er toch omheen . Maar experimenteren met verschillende " niet-standaard "

psychiatrische benaderingen kunnen aangeven hoe ver elk slaagt of mislukt.

Sommige benaderingen , eenmaal " niet-standaard " , zoals kunstzinnige therapie en drama

therapie , zijn nu een zichtbare deel van de mainstream. Zelfs als er een

element van de betaalde vriend over het drama therapeut , kan er nog steeds

zijn echte voordelen . Peter Brook, in de lege ruimte , klaagt dat , voor

veel mensen , het theater en andere kunsten zijn niet een noodzaak, maar een

optionele extra . Hij contrasteert dit met de behoeften van psychiatrische

ziekenhuisgewonden soms opgewacht door dramatherapie . Thema's voorgesteld door de

patiënten , gedramatiseerd met de hulp van de therapeut , kan zowel tekenen

degenen die handelen en degenen die kijken naar kwesties bespreken ze allemaal

aandeel. Nemen geen uitzicht over de vraag of dit helpt de behandeling van psychische stoornis ,

Brook zegt de gedeelde ervaring iets verandert hoe ze verder gaan met

elkaar . " Als ze de kamer verlaten , ze zijn niet helemaal hetzelfde als

toen zij . Als wat er gebeurd is schokkend is geweest

ongemakkelijk , worden ze versterkt in dezelfde mate alsof er had

zijn grote uitbarstingen van het lachen ... gewoon , sommige deelnemers zijn

tijdelijk , licht , meer in leven " . (Verwijzing naar de lege ruimte ,

PAGINA 148-150 .)

De aanpak van de hier beschreven is niet normaal drama therapie . het is

geven de patiënten een kans om krachtig gehandeld toneelstukken die diep gaan zien

in dingen die hun eigen leven hebben verduisterd .

3 . SPELEN Shakespeare in BROADMOOR .

Bovenal we richten ons tot de afgestorven orgaan , de verbeelding .

Het is net als de dokter kunst, of de courtisane 's . De arts kan niet liefhebben

elke patiënt , kan de courtisane niet van elke klant. Het is gebruikelijk

mensheid dat houdt je gaande . In die zin is elke acteur ondertekend

een ongeschreven eed van Hippocrates .

Simon Callow : Omdat het een acteur .

Meer dan een decennium voordat de interviews in Broadmoor beschreven in

dit boek , het ziekenhuis gastheer van een opmerkelijke reeks van theatrale

optredens. Tussen 1989 en 1991 , de Royal Shakespeare Company ,

het Royal National Theatre en andere groepen gingen Broadmoor aantal van

Shakespeare's tragedies : Koning Lear , Hamlet , Maatregel voor Maatregel en

Romeo en Juliet . Omdat zo veel van die opgesloten in Broadmoor verblijf

er een lange tijd, is het waarschijnlijk dat sommige van de mensen die ik interviewde

waren in het publiek . Zelfs als niet , zal het publiek hebben opgenomen

mensen vergelijkbaar met die waarvan de waarden en geschiedenis Ik heb geprobeerd om

schetsen . Deze prestaties , en hun opvang , suggereren sommige

onconventionele benaderingen van verzorgende morele en emotionele groei .

Titel voor dit hoofdstuk is ontleend aan de titel van Murray Cox's

Opvallend boek Shakespeare komt naar Broadmoor . (In dit hoofdstuk trekken I

enorm op dat boek , als op zijn andere boek Shakespeare als

Souffleur .) Murray Cox was een Consultant Psychotherapeut bij Broadmoor .

Hij had enkele jaren met pensioen voordat ik ging er voor de interviews , maar

mensen die er werken nog wel eens verlicht bij het noemen van zijn

noemen.

Mark Rylance ontmoette Murray Cox op een symposium in Stratford . hij was

momenteel spelen Hamlet en , meer dan koffie , stelde hij dat " het zou

goed zijn als we Hamlet kon brengen aan Broadmoor " . Dus Hamlet werd de

eerste in de reeks van toneelstukken uitgevoerd in het ziekenhuis. bijna een

kwart van de patiënten toegepast bij te wonen . Ondanks het besluit om geen

risico psychologische schade aan patiënten die te kwetsbaar kunnen zijn ,

niemand die toegepast werden uitgesloten. Het publiek ook

een aantal van de verpleegkundigen en andere medewerkers . Na de voorstelling van de cast en

het publiek gemengd en spraken samen . Een paar maanden na Hamlet

kwam Romeo en Julia , gevolgd door maatregel voor maatregel en

eindelijk King Lear . Na de uiteindelijke prestatie sommige publiek

koos ervoor om te blijven voor een workshop waarin ze hun ervaringen gedeeld

met de cast .

4 . BEREIKEN DEEP INSIDE .

GERTRUDE : Gij turns't mijn ogen in mijn ziel .

Zowel psychiaters en acteurs getuigen van de manier waarop het speelt soms

bereikte diep in de patiënten .

Rob Ferris , een Consultant Forensisch psychiater , zei dat de psychiatrische poging om te helpen de patiënten krijgen inzicht in hun

gewelddaden mislukt vaak . Maar : "Wat mij opvalt is de kracht van de

theater , de kracht van de voorstelling om ze te krijgen , om ze te benaderen ,

met hen te communiceren " . Hij zei dat jaar therapie soms

hebben weinig voor de hand liggende voordeel , " Maar in een middag Ik voel de

kracht van deze prestaties te bereiken , en hun vermogen om

reageren . '

De acteurs waren soms bewust van de bijzondere emotionele lading gegeven

voor de gelegenheid gewoon door zijn wezen in Broadmoor . Brian Cox , die

speelde King Lear , drukte dit :

Lear was ruw productie van het woord gaan , en haar leven ervan afhangt

zijn publiek . Als het een dode publiek was een dode prestatie

omdat we niet iets dat er niet was kon reanimeren . wij

kon het leven niet geven aan iets dat er niet was . In Broadmoor je

heeft dat probleem niet hebben, omdat het hele evenement is theatraal . aan

spelen om een bos van psychiatrische patiënten is een theatrale ding om te doen .

Eigen gevoel van de acteurs voor wat er in de toneelstukken soms gaf

ze ideeën over wat hun prestaties zou kunnen brengen aan de patiënten.

Brian Cox weerspiegeld op King Lear :

Het gaat over de dood , het gaat over het accepteren van uw kant , accepteren dat in mijn

begin is mijn einde ; dat je oogst wat je zaait , tenzij u

wijzigt snel en goed te maken in termen van jezelf. Eigenlijk is het

over het vinden van onze eigen vrede, die het moet zijn voor die tragische mensen

bij Broadmoor .

Een patiënt had een respons die zeer dicht bij deze hoop kwam :

Toen Lear stierf voelde ik een overweldigend gevoel van verlies , en tranen paardrijden

over mijn wangen . Ik wilde wanhopig over te gaan en knuffel Lear's lijk.

Ik voelde het gevoel van eenheid in het leven en dood tussen Lear en zijn dochters .

Ook het gevoel van vrede en heelheid in de dood ...

De spelen hebben weergalmen met het bewustzijn van de patiënten hun

situatie en van hun eigen geschiedenis . Brian Cox opgemerkt sommige reacties op

Lear :

Toen ik zei: " Is er een oorzaak in de natuur dat deze harde maakt

harten ? "een meisje droevig schudde haar hoofd van links naar rechts in een zeer

pijnlijke manier.

In de gekke scène , het publiek lachte , met een bijzondere kwaliteit

het die was heel spannend . Het was de lijn die begint : "Wat !

Ar't gek ? Een mens kan zien hoe deze wereld gaat zonder ogen ... Geen doet

beledigen , niets zeg ik niets . " En het was buitengewoon toen ik zei dat

lijn .

Toen ik zei: "O laat mij niet gek zijn", de manier waarop de zin galmde

rond de kamer was buitengewoon ...

De patiënten zelf sprak van de links die zij met hun eigen leven :

Hamlet , de persoon had ook mijn moeder , broer , zus en zijn

zelfs gewoon een vriend - en hoe ze zich voelden bij het leren dat ik , hun

broer , had gedaan wat ik had gedaan - dus het had een veel betekenis ... Ik

hoop dat je dit begrijpt .

Heeft het maken van deze links te stimuleren reflectie op zichzelf ? Een

consultant vertelde Brian Cox die meer dan een patiënt van haar zei

dingen in de trant van : "Ik heb zo jaloers op het vermogen van Cordelia en haar vader aan een afscheid ... het deed me denken aan mijn eigen

situatie, met name voordat ik vermoord mijn ouders . "

En sommige opmerkingen van het publiek voorgesteld gedachten dieper en ernstiger

dan de ondiepe conventionaliteit en de opdracht moraal merkbaar

in een aantal van de " socratische " interviews:

Een van de mes scènes deed me denken aan een incident toen ik bedreigd

een ex - vriendin , en het mee naar huis om me de angst voelde ze ... gewoon

want ik voelde me bang kijken naar dezelfde . Ook naar huis gebracht voor mij

hoe we samengestelde onze ellende door onze eigen destructieve gevoelens van

bitterheid en wraak ... Konden we leren op niet te handelen

impulsieve neigingen van wraak zouden we dus het verminderen van de hoeveelheid tragedies

in deze maatschappij .

. 5 spelers en publiek : iets terug te geven .

Om te spelen voor een groot en sympathiek publiek is als zingen in een kamer

met een perfecte akoestiek . Het publiek vormt de geestelijke

akoestiek voor ons . Ze geven terug wat ze van ons ontvangt als levende ,

menselijke emoties .

Constantin Stanislavski : een acteur Bereidt .

Een relatie heeft beginnen te ontwikkelen tussen spelers en publiek .

Soms zijn dingen gebeurd toen ze net waren vermenging voor of na

het spel . Georgië Slowe (die Juliet gespeeld) merkte wat er gebeurde toen

een patiënt aangeboden Jenny , die het spelen van de Nurse, een kopje koffie :

Ze draaide afwezig gedachteloos en streelde hem op de arm : " Nee, dank u ,

lieveling " . Ik was achter het kijken naar de man , en het was zijn uitdrukking

dat me opviel , toen deze mooie moederlijke vrouw streelde hem en riep hem " schat " in een verstrooide manier ; het was gewoon een prachtige

expressie. Op dat moment viel het mij op dat Jenny had hij als zijn

moeder , zou hij nooit daar geweest ; zijn hele leven zou kunnen hebben

zijn zeer verschillend .

Na een optreden van Ron Daniels , die Hamlet regisseerde , werd verteld door een

patiënt dat dit niet hoe Shakespeare normaal werd gedaan :

" Nee, ik weet het niet " , zei ik , " maar het is gebaseerd op een centraal idee van

een van mijn familie die schizofrenie had en die zich bij de gedode

leeftijd van 23 jaar . " Deze patiënt , deze man sloeg zijn armen om me heen en omhelsde

mij en zei: "het komt goed " . Hij was op zoek na mijn pijn en ik

gedacht wat hier gebeurde was niet alleen ons geven , het was ons

ontvangen ook.

Maar vooral de relatie kwam van het delen van de ervaring van de

speelt die zoveel resoneerde met het leven van de patiënten . Brian Cox

vond spelen Lear makkelijker in Broadmoor dan ergens anders :

Het was de meest vrijgeven prestaties die ik ooit heb gehad , omdat het

plotseling een punt om het . Omdat ik plotseling voelde dat ik aan het doen was

het aan een groep mensen die eigenlijk begreep wat pijn Lear was

over ... Zij wisten , omdat hun fantasie waren zo acuut .

De voorstellingen gaven de patiënten de zeldzame gelegenheid van

wederkerigheid , om iets terug naar de acteurs , die de actoren in te geven

draai gewaardeerd. Clare Higgins , die Gertrude speelde , drukte dit :

... Het publiek reageerden op een manier die ik lang voor het publiek te

reageren in een gevoel manier en in een zeer open manier . Want we kwamen naar

het einde van het stuk , pakte ik gevoelens van dat publiek dat ik meestal nooit halen in het theater . Ze gewoon leken bereid om

steek de fase lijn , en een deel van het spel te zijn : er was veel

verdriet in de kamer , en verdriet en spijt , en ze leken te zijn

duwen het spel van de sluiting met ons. Ik vond het buitengewoon ,

want ik denk niet dat veel mensen in die kamer waren intiem met de

spelen , of wist hoe het zou gaan eindigen . Maar ze leek gewoon te rollen

mee , ons tot het einde . Het was een mooi gevoel . Ik heb nooit

had dat met een publiek voor - dat we allemaal samen waren zien

het spel door.

Mark Rylance sprak over zijn eigen reactie op een uitroep tijdens

Ophelia's begrafenis, een reactie waarin acteur en Hamlet zijn samengevoegd :

Er was een geweldig moment toen ik zei aan Laertes , "I loved Ophelia .

Veertigduizend broers konden niet met al hun hoeveelheid liefde

mijn sum . " En een van de patiënten stonden naar voren en zei :" Ik geloof

u " . Mijn hart echt stokte en tranen overstroomd in mijn ogen , en ik

dacht - Oh ik echt iemand om te zeggen dat nodig ... Ik besefte niet hoe

hoeveel ik nodig om het te geloven . " ... Ik voelde ja , alleen iemand als jij

zou begrijpen . Misschien is dat een deel van de reden waarom ik wilde gaan - of

Hamlet in mij wilde gaan ; een gevoel dat mensen zouden begrijpen .

Evenals dit terug te geven , was er ook een aantal wederzijds respect . Mark

Rylance , die Hamlet speelde , hoopte dat het feit de acteurs hadden

komen zou een signaal :

Ik kan me voorstellen dat het iets in zichzelf alleen maar om het gevoel dat we kwamen en

gaf dat prestaties hen. Als ik ergens als dat en

iemand kwam en deed dat voor mij , zou ik het gevoel dat misschien was er iets goeds in mensen , of dat ze dachten dat ik het waard was.

Een patiënt zei de gedeelde ervaring leidde tot vriendschap :

Acteurs en actrices kwamen hier als onbekende mensen en laat stevig

vrienden . De reden voor dit ... is dat we een intimiteit en eenheid te delen

dat kan nooit ergens anders worden ervaren .

Hebben gedood en misbruikt onszelf, zijn we in staat om te begrijpen de

waanzin en geweld ... in Shakespeare's tragedies , omdat het dicht

naar ons hart . We hoeven niet te raden wat het [is] willen doden , verminken ,

en voel absolute wanhoop . De meesten van ons hebben er zelf geweest .

6 . DE ZORGEN OVER onechtheid .

Hoe zit het met de "betaalde Vrienden" probleem eerder gezegd ? is er

iets manipulatieve of onecht over het opzettelijk gebruik van een

prestaties van een Shakespeare spelen om dingen diep in het bereiken

patiënten ? De emotionele wederkerigheid en wederzijds respect , die begon te

groeien uit het delen van diepe ervaring tellen tegen dit.

Vooruitlopend enkele van de acteurs heeft zorgen over het feit dat manipulatief of

betuttelend . Mark Rylance drukte dit :

Ik was erg bang dat ik ze zou betuttelend ... Je weet - ze

zou denken , nou ja, die deze actoren hier komen doen alsof ze

gek of voorwenden om te vermoorden of te verkrachten en te krijgen in die plaats

waar ik eigenlijk zijn geweest en waar ik eigenlijk dit alles hebben geleden

pijn omdat er te zijn . Ik kreeg opeens erg bang over wat

Ik deed . Welk recht heb ik om hier te komen en te portretteren dingen zoals

deze aan mensen die misschien wel hadden meegemaakt deze dingen in hun

leven ?

Maar dit bewustzijn zelf gemaakt voor authenticiteit :

... Dat gevoel is als een vuur dat een eventueel overschot van ego weggebrand en alle

de trucs die u zou vertrouwen op , en ik voelde dat ik moet absoluut worden

eerlijk hier . De Hamlet moet absoluut zuur zijn , eerlijk ... Het was een van

die prachtige momenten die ik achtervolg na al die tijd, wanneer u

gevoel hebt dat je een dirigent en iets komt door je heen , in plaats van

dan je bent iets te doen. En ik heb niet het gevoel dat ik had gespeeld de

deel helemaal . Ik vond dat ze het speelde . Iets collectieve kwam door

me , door de woorden . Er was heel weinig "doen" ; het 'doen' gekregen

weggebrand en er was meer wezen ...

Op een gegeven moment sprak hij de woorden " Foul daden zullen stijgen, Hoewel alle

aarde o'erwhelm hen, om de ogen van mensen " :

Ik zei dat deze lijn met een man die ik niet kende , maar die had keek me

met zo'n helderheid , met niets anders dan een absoluut recht blik. het

voelde meteen alsof er een zeer gevoelige groep mensen

er , dat moest men zeer voorzichtig te werk gaan en niet misbruik, geen rekening

voordeel , maar geven hen als gewoon als een kon.

Erg geïnspireerd dezelfde gedachte spelen van Ophelia Rebecca Saire 's :

Meestal wordt er een deel van mij staat aan de ene kant , mezelf te beoordelen en de

reactie publiek om wat ik doe . Op Broadmoor , vond ik dat

deel van mij waarnemer gezogen opnieuw Geconfronteerd met zoveel waarheid in

respect van de mensen die we waren presteren voor , onbewust I

realiseerde ik nodig 100 % van mijn eigen waarheid om ze te beantwoorden . Het was alsof ik

speelde Ophelia voor de eerste keer .

7 . HELPEN de mensen de oogkleppen en een aantal scheuren in de muur.

De hier geciteerde stemmen zijn slechts een paar van een publiek met

bijna een kwart van de patiënten Broadmoor 's . Dus er zijn waarschijnlijk ook

hebben sommigen die minder reageerden geweest .

Er is een hele psychologie wachten om te worden gebracht van de redenen waarom sommige mensen

die hebben verschrikkelijke dingen gedaan zijn beter bereikbaar dan anderen . in zijn

autobiografie Naast mij , Antony Sher beschrijft in gesprek met twee

moordenaars , uitgebracht na de gevangenis, als onderdeel van de voorbereiding voor het afspelen

Macbeth . Een (" Mark") had een gokverslaafde geweest en doodde zijn best

vriend in plaats van toe te geven dat hij het geld had gegokt voor de elektriciteits-

bill . Hij was gevoelig op een manier die geen buitenste laag van de voorgestelde "

huid " , rauw , trillen , nerveus , achtervolgd door zijn misdaad , en die zag

zichzelf daarna als " Alone . Naakt in de wereld . Altijd . "The other

(" Jimmy ") was " een Glaswegian harde man , opgevoed met criminaliteit". hij had

doodde een vermoedelijke informant . " Als Jimmy niet had gevangen , je voelt

hij zou het niet een tweede gedachte hebben gegeven . " Hij herinnert zich nauwelijks zijn

misdaad, maar een hekel alles over gevangenis . Ze hebben elk kwamen om te zien

Macbeth . Mark vond het niet leuk en wenste Macbeth zelf had meer geweest

heroïsch. Jimmy liep na het spelen zonder iets te zeggen . Antony Sher

schreef: "Ik vrees het ergste weer . Dan krijg ik een brief. in struikelen

zinnen hij herhaaldelijk zegt hoe bewoog hij was. " (SHER , PAGINA 336-559 .)

Het lijkt misschien vreemd dat het spel bereikt, niet de rauwe gevoelige man

zonder buitenste huid, maar de harde man . Misschien is de hardheid

verdedigingsmuur , en Shakespeare's tragedies soms bereikt de

kwetsbare persoon turend door de spleten ?

De responsieve stemmen na de Broadmoor voorstellingen zijn gevarieerd genoeg om aan te tonen dat sommige patiënten hebben "terug te geven wat zij ontvangen

van ons als levende menselijke emoties " . Het is moeilijk om niet te tekenen van te zien

herleefde emotionele groei in de manier waarop de toneelstukken bereikt binnen hen te

roepen gevoelens en reflecties , en in wat het publiek gaf terug naar

de acteurs .

Het project was een nieuw model van hoe je mensen wiens wereld was te helpen

glimp in de " socratische " interviews. Die wereld wordt beperken . ze

worden opgesloten in een smalle en rigide moraal van vergelding , conventie

en gezag . Prominent in hun wereld zijn emotionele afwijzing , gebrek

van erkenning , richtingaanwijzers en de verdedigingsmuur . de Shakespeare

prestaties kan zijn begonnen om te bereiken " de afgestorven orgaan , de

verbeelding " . Misschien maakten ze de opsluiting wat minder benauwend

en een stuk makkelijker om te ontsnappen .

Maar het model heeft duidelijke beperkingen . Niet elke psychiatrisch ziekenhuis

kan putten uit acteurs, en zeker niet van deze kwaliteit . en wat

er gebeurt als ze zijn gegaan ? Vier toneelstukken kan een bijdrage leveren , maar

het zou wild optimisme dat genoeg om te denken aan het leven van iemand te zetten

ronde , zelfs als de toneelstukken zijn door Shakespeare en worden gespeeld door de

beste professionals . Het project wordt hier aangehaald als bijzonder

indrukwekkend , maar nog steeds als een van de anderen, niet als een toverstaf.

Er is behoefte aan veel niet - standaard benaderingen herleven morele en

emotionele groei . De meeste van hen alle dat maakte niet de

Shakespeare project een succes te maken. Maar het is het vermelden waard aantal belangrijke

functies . De acteurs toonde respect voor de patiënten door hun

bereidheid om te presteren voor hen. Spelers en publiek gesproken over de speelt op gelijke voet , waardoor voor een aantal wederkerigheid. Niet alles was

georganiseerd . Contact in losse stukjes ongeplande tijd geleid tot een aantal van de

beste momenten : de acteur zeggen " nee dank je , lieverd ', zoals ze streelde

arm van de patiënt , en knuffel van de patiënt toen Ron Daniels genoemd

zijn zoon . (Erving Goffman , in Asylums , zei dat " onze status wordt ondersteund

door de vaste gebouwen van de wereld , terwijl onze gevoel van persoonlijke

identiteit verblijft vaak in de scheuren " .)

Misschien twee dingen geteld meest . De keuze van Shakespeare's

tragedies , niet lichter en minder relevant toneelstukken , betekende diep gaan . en

het van belang was dat de patiënten de kans om iets terug te geven had .

Het moet mogelijk zijn om andere projecten die diep gaan uitvinden . en

wederkerigheid moet ook mogelijk zijn . Ted Hughes kan gelijk hebben dat de meeste

van ons turen door de spleten van onze verdediging . Dan misschien die van

ons en die van ons zonder ' antisociale persoonlijkheidsstoornis ' kan

elkaar helpen smash gaten door de verdedigingsmuren .